왜 여기 사냐고
물으시면

왜 여기 사냐고 물으시면

초판 1쇄 인쇄 2009년 11월 25일
초판 1쇄 발행 2009년 11월 30일

지은이 | 안문석
펴낸이 | 金泰奉
펴낸곳 | 도서출판 띠앗
등 록 | 제4-414호

편 집 | 박창서, 김주영, 김미란, 이혜정
마케팅 | 김영길, 김명준
홍 보 | 장승윤

주 소 | (우143-200) 서울시 광진구 구의동 243-22
전 화 | (02)454-0492
팩 스 | (02)454-0493
이메일 ddiat@ddiat.co.kr
홈페이지 www.ddiat.co.kr

값 6,000원
ISBN 978-89-5854-067-0 (03810)

※제작지원 : 한국정보처리학회(회장 이정배)

안문석 교수의 시와 수필

왜 여기 사냐고 물으시면

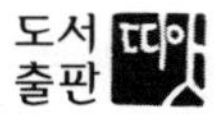

이 책을 사랑하는 아내
소설가 전경애 님께 드립니다.

2010년 2월 28일은 나에게 특별한 날이다. 내가 고려대학교에서 봉직(奉職)한 지 28년 6개월이 되는 날이다. 그리고 고려대학교 교수 '81학번인 내가 교수직을 졸업하는 날이다.

1961년에 서울대 경제학과에 입학하여 1965년에 졸업하고, 1965년에 서울대 행정대학원에 입학하여 1967년에 졸업했다. 그리고 서울대학교 행정대학원 도시 및 지역계획학과에서 Faculty Candidate 겸 조교를 하다가 KIST 전자계산실 프로그래머로 들어간 것이 1968년 1월이다.

1972년에 미국 동서문화센터 장학생으로 선발되어 University of Hawaii에서 컴퓨터학 석사와 자원경제학 박사학위를 받고 다시 돌아와 KIST에서 봉직하다가, 1981년 9월 1일 고려대학교 법과대학 행정학과에 교수로 취임했다.

그리고 28년 6개월의 세월이 흘렀다.

나에게 고려대학교는 어머니와 같은 존재이다. 고려대학교가 없는 오늘의 나를 생각조차 할 수 없다. 그 오랜 세월 속에서 나는 앙탈도 부려 보았고, 말도 안 되는 억지도 부렸으나 고려대학교는 항상 웃는 얼굴로 나를 감싸 안았다. 이 자리를 빌려서 고려대학교에 감사하다는 인사를 전한다.

환갑이 되던 해(2004년)에 나는 시를 곁들인 수필집 「바다가 바로 저긴데」를 출판했다. 많은 분들이 이 책을 읽고 좋은 반응을 보내 주셨다. 이 책에 나온 시 가운데서 4편이 가곡으로 작곡된 것도 내겐 큰 기쁨이었다.

2009년 12월 2일, 정년을 기념하는 특별 강연이 예정되어 있다. 그날 오시는 분들에게 드릴 선물이 마땅치 않았다. 그래서 이 책 「왜 여기 사냐고 물으시면」과 가곡 모음 '세월의 안개' CD를 준비했다.

이 책의 앞부분에는 시를, 뒤에는 수필을 실었다. 영글지 않은 글 솜씨에 아직은 푸석푸석한 내용이지만 내 인생의 편린들이기 때문에 나에겐 소중한 기억의 정원이다. 먼 훗날 혹시 이 책이 손에 잡히면 "그래, 그때에 그런 생각을 했었지"라는 단서를 이 책이 제공할 수 있었으면 한다.

원고 정리와 교정에 수고를 해준 이희철 조교와 유송희 학생, 그리고 정년기념식 준비에 수고를 해준 이근재 조교에게 고마운 마음을 전한다.

28년 6개월이라는 짧지 않은 세월 동안 나와 함께 해주신 모든 분께 감사드린다.

특히, 이 책의 출간을 재정적으로 지원해 주신 한국정보처리학회(회장 이정배)에 감사드린다.

2009년 12월 안문석

목차

Part 2. 수필

part 1. 시

Poem

아코디언 소리는
초겨울의 서리 같은 허공 속에
나를 던진다

왜 여기 사냐고 물으시면

왜 여기 사냐고 물으시면
강물에 물어보라 하지요

어데서 왔냐고 물으시면
바람에 물어보라 하지요

그래도 자꾸 물으시면
그냥 하늘을 가리키지요

모스크바의 눈

모스크바의 겨울은 흰색이다

스탈린이 서 있었던
붉은광장엔
핏빛 바실리성당이
흰색에 졸고 있고,

텅 빈 광장을 지키는
러시아 병사의 털모자도
눈 속에서 흰색으로 칠해져 있다

인적이 드문
겨울의 모스크바 거리는
흰색을 배경 삼아 회색 흐름을 만들어 낸다

그리고 그 속,
방공호 같은 지하철역에서
날씬한 나타샤와 소냐는
어느덧 아줌마가 되고

러시아 통나무는 그들을 닮아간다

겨울의 파리

겨울의 파리는 온통 회색이다

세느강도,
몽마르트르 언덕도,
노트르담 성당도,
개선문 거리도
모두 회색이다

그러나

밤의 파리는
회색을 거부하고
다시 태어난다

오색 전등으로 단장하고
새롭게 태어난다

봄, 여름, 가을의 색이
밤의 장막 속에서 다시 살아난다

황사

개나리 진달래 목련 벚꽃

고운 꽃에 대한 시샘인가
얄미운 황사가 나의 4월을 망치고 있다

꽃과 사람과
그리고 눈이 시린 태양빛이
황사에
묻혔다

참,
이주 옛날
황사가 시작한
그 땅 건너편에서
내 조상이 살았다지?

우주 속
나도
한 조각 먼지

어느 4월
우리 조상은
누굴 시샘해
이 먼 땅까지 날아왔을까?

다와다이라(多和平) 목장에서

다와다이라 목장 전망대 옆
40대 여인 같은 기념품 상점

태풍 7호는 다가오고

기다리며,
세 모녀는
말없이 양털 목도리를 짜는데

그리움이 안개비 되어
창문을 두드린다

내장산 용굴(龍窟)

내장산은
용굴이 있어 살아 숨 쉰다

용이 승천한 보금자리
용굴은 내장산의 심장

나라의 편안함(安) 기원하는
옳은(義) 선비의 정성,

왕조실록 보듬어
민족 얼 지켰고

그 뜻,
붉은 단풍되어
온 산을 덮었다

마당 넓은 집

남한산성 북문 밑
한참 아래
마당 넓은 집

산새 사라진 공간

떠난 님
꿈속에 그리는
노랫가락이 흐느낀다

자꾸만 외로워지고 싶은
고양이 한 마리
작은 연못 옆
이름 모를 꽃에 곁눈질한다

6월의 태양 아래
바람조차 오수(午睡)를 즐기는
마당 넓은 집

토요일 오후
늦은 점심, 시래기 밥에
포만감 느끼고

나도 오랜만에
외로워지기로 작정한다

가실성당

가실성당
뜰 앞 감나무 하나

작은 회오리바람 만들고

그 바람
낡은 성당 문틈으로 새어 들어
종소리로 태어났다

영원한 빛을 찾아 떠난
십자가의 길
순교자의 길

낙동강 흘러
바다 비단길 돌아
희망봉 넘어
세상에 퍼졌다

순교비에 걸친 감잎 하나
서산에 걸친 석양에
붉게 물들었다

어느 일요일

오전 아홉 시

아침식사 시간 넘었다고
칭얼거리던 강아지 모녀

내 엉덩이에
두 엉덩이 붙이고 나란히 누워
반쯤 눈을 감고 졸고 있다

라디오는 토마스 만의 친구이야기를 나긋하게 들려주고
베토벤의 전원 교향곡이 안개처럼 나를 덮는다

강아지 졸음이 내게 옮겨 왔나?

나도 반쯤 눈을 감고
소파에 비스듬히 누워 버린다

하단 갈대

선머슴아 머리털같이
아무렇게나 자란 갈대 머리 위로
하단의 붉은 해는 지고

그 빈자리
세월의 바람에 찢긴
황포 돛단배 하나
그 그림자가
채운다

열십자 가르마 탄
갈대숲
외딴 주막

소복한 두 여인의
한없는 푸념

한(恨)의 바람 되어
낙동강 팔백 리에
마지막 점을 찍는다

사랑이 올 때

사랑은 머리가 아닌 가슴으로 온다

사랑은
문득
노란색 개나리처럼
온 천지 가득 다가온다

사랑이 오면
내가 아닌 네가,
너와 내가 아닌 우리가
꿈속처럼 다가온다

사랑이 오면
과거도
미래도 아닌
현재가 지금 속에 살아서 다가온다

텅 빈 마음

성당 앞을
교회 앞을
절 앞을

출렁임 없는 마음이
바람처럼 그냥 지나친다

텅 빈 마음의 터널,

기대와 비교와 감정의 파도도
이제는
잠들었나 보다

소나기

소나기는 작고 보잘것없는
우산에
생명을 넣어 준다

되풀이되는 일상의 지루함을
씻어 준다

아무런 상관없던 너와 나

찢어진 비닐우산의 작은 친절이
인연을 만들고

이렇게 삶은
구름처럼 흘러간다

낙엽 한 잎

늦가을
길 잃은 비가 내린다

차창에 미끄러지는
낙엽 하나

차 속에서 들리는
베토벤의 '열정 소나타'

지난 세월
빗길 따라 흘러가고

낙엽은
온 힘을 다해
마지막
몸을 일으킨다

아코디언

아코디언 소리는
내 심장의 울부짖음이다

가슴에 안고 몸부림치며
나와 한 몸이 되어
절정에 오를 때

그 속에
삼학도 새아씨가
닥터 지바고의 사랑이
그리고
에디트 피아프의 샹송이
잉태된다

너무도 순박하여 슬픈
사슴의 눈처럼

아코디언 소리는
초겨울의 서리 같은 허공 속에
나를 던진다

설레임

커피숍에서 일하는
소녀의 해맑은 미소에
내 가슴 설레고

그 마음 들킨 것 같아
애꿎은 커피만 리필한다

설렘은
감기처럼
온몸을 달구고

난
마침내
한 송이 장미가 된다

이 나이에.

부끄럼 식히려
물빛 하늘을 본다

어느새
창밖엔 단풍이 들고
낙엽이 바람에 흐르고 있다

귀뚜라미

여름의 폭염이 아직 두려웠었나

집 안 구석의 귀뚜라미 한 마리
용기를 내
가을이 왔다고
숨죽여 호루라기를 분다

소리는
청량한 가을 하늘
서늘한 바람 타고
세상에 퍼져 나간다

도심 아파트 베란다 한구석
봉평 이효석 생가터
노부부만 사는 농가의 허름한 외양간에서
한여름을 숨어 살던 귀뚜라미들

긴 기다림 끝에
한목소리를 낸다

못다 한 말 봇물 터져
저녁 내내
때로는 대낮에도
휴일도 없이
목소리를 낸다

섭씨 15도

초가을
초등학교 운동회에서 느꼈던 온도다

이른 아침
아예 맨발인 채
자갈 깔린 신작로를 걸어가면서
느꼈던 온도다

세월의 흐름 속에
이제는
온몸이 외로워지는 온도다

30도 여름의
숨 막히던
그러나 질펀하고 무질서한 매미 소리
사라진 공간에서
귀뚜라미 소리 애처롭게 들리는 온도다

코발트빛 하늘을 배경으로
코스모스를 짝사랑하는

주책없는 호랑나비가 이해되는
그리고
사랑하는 사람의 체온이 그리워지는 온도다

아버지와 아들

마을 뒷동산
넓은 바위

아버지와 아들
말없이
앉아있다

산들바람
꽃향기로 이들을 유혹한다

아버지는
전쟁의 상처로
말이 없고

초등학교 4학년 아들은
군청 뒤뜰
아까 본 장다리꽃과 호랑나비가 궁금하여
말이 없다

벌써 석양인가?

구름 사이로
쏟아져 내리던 햇빛

어느새
긴 그림자 사다리 만들고

두 사람
그 사다리 타고
말없이
마을로 향한다

용문사 가는 길

가을이 깊어 가나 보다

찾는 이 없는
6.25전쟁 전적비

늦가을
1,000년 된 은행나무
앙상한 줄기로 그날을 증언한다

세월은 흘러
전통찻집에선
화약 냄새 대신
한약 냄새가 길손을 유혹한다

산사 이르는 길

이미 낙엽은 지고
앙상한 나무들

말라버린 계곡
치열했던 금년 홍수의 흔적

산새 사라진 공간

닫힌 대웅전
옆문에 비친 부처님의 얼굴
밤 굽는 젊은이를 닮았다

어둑한 시간
짐을 싸는 주차 아줌마를 지나

여름의 화려함을 뒤로하고
나무만큼이나 앙상하게 늙은 사람들이
줄지어 산을 내려온다

길가엔
간밤의 늦가을 비에 젖은 낙엽이 뒹굴고

멈춘 물레방아 사이로
용문산의 가을은 깊어 가고 있다

초가을의 미사리

유난히 무더웠던 여름
끝날 것 같지 않았던 장맛비

마침내
초가을 파란 하늘에
자리를 내주었다

늦부지런이 난
검정색 호랑나비 하나
붉은 맨드라미 유혹에 분주하다

강변 카페의 야외 앰프
'톰 존스' 목소리로
40년 세월의 공백을 매우고

잘생긴 장닭 하나
윤기 나는 두 마리 암탉 거느리고
장군처럼 카페 정원을 거닐고 있다

목촌(木村)

목촌엔 시간이 녹아들고 있다

창밖에는
모닥불이
정해년(丁亥年) 서설(瑞雪)을 녹이고 있고

방 안에는
오래된 난로가
내 마음을 녹이고 있다

커피와 생강차

생강차에서는 원시의 냄새가
커피에서는 문명의 냄새가 난다

장어구이에서는 원시의 맛이
비스킷에서는 문명의 맛이 난다

나는 생강을 곁들여 장어를 먹고
입가심으로 비스킷과 커피를 마신다

하늘엔 구름 한 조각
할 일 없이 흘러간다

나는 바람이 되어

마음속 감옥 문을 열어 두니
버스의 창이 사라지는구나

사랑이라는 이름으로
좋아한다는 명목으로
정의의 이름으로
자신의 당연한 권리로
만들어 놓은 마음속 감옥들

감옥에 들어 있는 수많은
내가 만들어 놓은 죄인들

그 죄인들을 먹여 살리기 위하여 보낸
그 수많은 시간과 에너지가 사라지니

나는 바람이 되어 가볍게 우주를 여행한다
나는 한 줄기 빛이 된다

낙엽이 봄볕을 만나면

오솔길 위
겨울을 지샌 낙엽 하나
봄볕을 만나 수줍어한다

작은 회오리바람에
몸을 뒤틀고
서둘러 길가 모서리로 몸을 숨긴다

고갱의 붓을 빌렸나?
코발트블루로 배색한 하늘을 배경으로
선머슴아 머리털 같은 나뭇가지
큰 기지개를 켜고 있다

여름의 밭에서

봄이 사라진 자리

벚꽃과 개나리 진달래 철쭉이 사라진
자리

여름이
잡초와 야생화에 포위됐다

봄날의
부드러웠던 햇볕

어느새
나폴레옹 군대같이 강인하게 변했다

그리고
선글라스와
챙이 큰 레인저 모자 속

나도
잡초와 야생화가 되었다

덕수궁 돌담길

덕수궁 돌담길은
일방통행이어서
안쓰럽다

시청 앞 광장의 루미나리에가
아무리 소리를 질러도
덕수궁 돌담길은 돌아서질 못한다

그래서 그런지
덕수궁 돌담길에는
언제나
세월의 안개가 자욱하다

그리고
사람들은
그 안개 속으로
하나씩, 둘씩
사라진다

덕수궁 돌담길에서는
왼쪽 머리가
텅 빈
사람들을 만난다

도봉산

산 정상에 길이 있어 도봉산인가?
도봉산 가는 길에 봄 내음이 향기롭다

도봉산에 가면
인간사 모든 시름
빗물 되어 흘러간다

도봉산 정상의 구름
산길, 하늘 길을 만들어 준다

도봉산 단풍에 취해
도봉에서 잃은 길
철새가 찾아준다

눈 덮인 도봉산
어머니 치마처럼
한없이 넓고 포근하다

도봉산에 가면
모두 친구가 된다

도봉산에 가면
모두 어린아이가 된다

도봉산은
우리 모두의
영원한 마음의 고향이다

별과 꽃과 바람의 노래

밤하늘엔
별이 흐르고

땅엔
꽃바람이 흐른다

바다엔
파도가 흐르고

내 마음엔
그리움이 흐른다

봄비 오는 소리

그렇구나
그대였구나

사랑이 오는 소리
꿈이 오는 소리
내 맘의 설레임 소리

그 소리
봄비 오는 소리

산들바람 내 볼을 스치고

개망초 파도 되어 출렁이고
호랑나비 저 멀리 날아간다

밤나무 가지에서
까치 부부 화답하고
그 소리에 장끼가 날아간다

비 온 후 밭에서
상추 자라는 소리 들리고
촌놈을 닮은 키 큰 열무는 수줍어
잡초 속에 숨는다

해바라기 일렬로 사열을 하는 사이
어느새 코스모스가 끼어들었다

연약한 새침데기 봉선화는
마리아 테레지아를 닮은
붉은색 장미의 연민을 자아낸다

이웃집 호박 넝쿨이 중공군처럼
쳐들어온 그 자리에
후덕스런 호박꽃이 피고
마음씨 고운 우리 큰이모님을 닮은
큰 호박이 크게 웃고 있다

산들바람 내 볼을 스치고
난 그저 행복하다

그리움

비 내리는
아스팔트에 비친 자동차 불빛이 외로운 것은,

비 내리는
아스팔트 위를 달리는 자동차 소리가 쓸쓸한 것은,

호젓한 골목길
비 맞으며 홀로 서 있는 해바라기가 안쓰러운 것은,

그것은,
마음속 깊은 곳
그대 향한
그리움이 숨어 있기 때문이다

기다림

찬란한 아침 햇살에
함박웃음을 머금는 것은,

비 온 후 무지개에
마음 설레는 것은,

그것은
마음속 깊은 곳에
임을 향한
기다림이 있어서다

해바라기

숲 속 매미소리 아득한데
누구였을까?
임 그리는 그 마음
꽃이 되었구나

숲 속 풀벌레 소리 아련한데
누구였을까?
애타는 그 마음
꽃이 되었구나

해 따라 한평생
해바라기 되었고

임 기다리는 그 마음
첩첩히 쌓여
노란 꽃잎 되고

애타는 그 마음
몸체 불타올라
숯이 되었구나

오! 너무 먼 그대여

해 따라 한평생
해바라기 되었구나

4월 어느 날 아침

창밖에 어스름히 동이 터온다
창밖의 나무들이 부동자세로 엄숙하게 줄 서 있다

나뭇잎까지 숨을 죽이고
미동도 않는다

창밖엔
새소리조차 들리지 않고

간간히
내 숨소리만 들린다

누가 오시나?

part 2. 수필

Essay

갑자기 '아름다운' 음악이 들린다
음악이라는 빛이 의식이라는 창에 비치자 의식을 통하여
그 음악과 연관된 내면의 빛이 점등된다

모기와 거인

가을이 깊을 대로 깊어진 10월 중순, 난 가을의 정적을 내 아파트에서 즐기고 있었다. TV를 틀어 놓았으나 TV는 TV대로 나는 나대로 시간을 보내고 있었다. 그때 한 마리의 모기가 아파트 베란다 방향에서 집 안으로 날아왔다. 순간, 나는 긴장했다.

"요즈음엔 겨울에도 모기가 아파트에서 산단다. 모기가 예전에는 고층아파트에는 오르지 못했지만 요즈음은 20층 이상까지도 올라간다더라. 모기에 물리지 않도록 조심해야 한단다. 모기가 말라리아를 옮기기도 하지만 조류독감도 옮긴단다. AIDS 환자를 문 모기는 AIDS도 옮긴단다."

총명한 내 기억장치는 모기와 관련된 모든 시나리오를 나에게 읽어 대고 있었다.

이제 모기는 단순한 모기가 아닌 내 생명을 위협하는 내 인생 최대의 적이 되어버린 것이다. 모기를 제거하지 않으면 나는 사람도 아니게 된 것이다. 모기는 나의 이런 감정을 모르는 듯, 살짝 날아가서 스탠드 받침대로 쓰이는 강철봉에 앉았다.

이제 난 고민에 빠졌다. 이 모기를 어떻게 제거해야 할까? 그냥 손으로 눌러 버리나? 아니면 모기약을 찾아서 화학전을 펴나? 아니면 신문지로 타격을 가하나? 그러다가 실패하면 어쩌지?

모기는 나의 이런 살기를 알아차리지 못한 듯, 아니면 알고도 모른 척하는지 받침대 주변을 이리저리 옮겨 다니며 무엇에 몰두하고 있었다.

관찰시간이 길어지면서 모기가 그렇게 나쁜 놈이 아닐지도 모른다는 생각이 들기 시작했다. 모기에 대해 내가 가진 생각은 내가 체험한 것이 아니고, 책에서 또는 TV에서 나에게 전달된 간접경험이라는 생각이 들었다.

그래, 이 모기가 그렇게 나쁜 짓을 할 리가 없어. 이렇게 천진난만한 모기가 어떻게 그런 나쁜 시나리오의 주인공이 될 수는 없지. 그리고 몸무게만 해도 나의 수천분의 일에 불과한 모기를 두고 만물의 영장인 내가 그렇게 경솔하게 행동할 수는 없지. 모기에 대해 내가 가지고 있는 편견을 버리고 모기를 보기로 하자.

이렇게 결심하고 모기를 보기 시작하자 이상한 일이 벌어졌다. 모기가 내 시야에서 사라져 버린 것이다. 아니, 이 모기가 어딜 갔지? 나는 한참을 찾았다. 그러나 모기는 완전히 사라

져 찾을 수 없었다.

늦은 가을 밤, 갑자기 나를 찾아온 모기는 내게 인생의 깊은 의미를 가르치고 사라졌다.

(이 글과 다음 글 '아무것도 100% 확실한 것은 없다'는 「서정시학」 34호(2007년)에 실린 필자의 수필 '믿는 것이 보이는 것인가'의 일부 내용을 다시 정리한 것임)

아무것도 100% 확실한 것은 없다

고려대학교를 대표해서 북경의 농업대학 100주년 행사에 다녀왔다. 여러 연설 가운데서 Tso라고 불리는 중국계 미국인의 연설이 새로웠다.

그는 1905년생인 아인슈타인을 이야기하면서 중국 학생들이 가져야 할 인생과 학문에 대한 자세를 이야기해 주었다. 그가 이야기한 것을 전부 기억하지는 못하지만 기억나는 한 가지만을 소개한다.

뉴욕에서 워싱턴으로 가기 위해 그는 기차 대합실에서 기다리고 있었다고 한다. 아이스바를 먹고 싶어서 자판기에서 아이스바 하나를 사서 자기 자리에 놓고, 이어서 커피를 마시고 싶어서 자판기에서 커피를 빼기 위해 잠시 자리를 비웠다고 한다.

그가 자리에 돌아와 보니 자신의 아이스바를 옆에 앉아있던

여자아이가 먹고 있었다고 한다. 머리끝까지 화가 난 그는 그 여자아이를 야단치고, 먹고 있던 아이스바를 빼앗아서 팽개쳤다고 한다.

이야기는 이것으로 끝나지 않았다.

그가 워싱턴 자신의 집에 도착해서 가방을 여는 순간, 그는 아찔함을 느꼈다. 가방 속에 자신의 아이스바가 있었던 것이다.

그는 이야기를 계속했다.

아무리 99.99% 확실하다고 해도 0.01%의 불확실성은 항상 존재한다는 것을 인정해서 항상 자신에게 겸손해야 한다는 것을 역설했다.

북경에 도착한 나도 황당한 경험을 하게 되었다.

외국에서도 사용할 수 있도록 핸드폰의 '로밍 서비스'를 받았다. 이제 북경에서도 한국에서와 같이 핸드폰을 사용할 수 있게 된 것이다.

북경에 도착하자마자 난 공항에서 한국에 전화를 하는 등 자랑스럽게 북경의 일과를 시작했다. 그러나 저녁 호텔에 도착하자 난감한 일이 발생했다.

핸드폰 배터리를 충전하기 위해 한국에서 가져간 충전기가 맞지 않는 것이었다. 내가 가져간 핸드폰을 충전기에 끼워 넣을 수가 없었다. 내가 사용하는 핸드폰이 두 개여서 아마도 다른 충전기를 가져온 모양이라고 단정하고 포기했다. 몇 분을 실랑이하다가 포기하고 꼭 필요한 경우에만 사용하려고 배터리를 극도로 아꼈고, 그렇게 되자 북경에서의 즐거움이 반감했다.

귀국하자마자 집에 있는 충전기를 찾아서 재충전을 하려 했다. 그러나 집에 있는 충전기도 맞지 않았다. 그런데 마침 집에 와 있던 딸아이가 북경에 가져간 충전기를 가방에서 찾아서 내 핸드폰에 끼워 넣는 것이었다.

잠시 너무도 놀랍고 창피해 어찌할 바를 몰랐다. 내가 충전기를 잘못 가져갔을 것이라는 내 생각에 너무도 집착해서 더 이상 노력을 하지 않고 포기한 것이었다.

사람들은 자신의 생각에 이상하리만큼 집착한다. 한번 어느 생각이 자리를 잡으면 그 생각의 노예가 된다. 편견과 집착은 생활에서 주위 사람을 괴롭히지만, 특히 학문생활을 하는 사람에게는 절대로 금물이라는 것을 다시 한번 일깨워 주었다.

북경농업대학 100주년 행사는 나에게 편견과 집착 없이 겸손하게 생활하고 학문하도록 날 깨우친 행사였다.

창에 비친 영상

밤에 버스를 탄다. 불을 밝게 밝힌 버스다. 창가에 자리를 잡고 오랜만에 한가함을 느낀다. 시선은 자연스럽게 창으로 향한다. 창에는 온갖 영상이 스크린처럼 펼쳐진다.

버스가 도심의 거리를 달린다. 전광판의 불빛이 빛나고, 상점의 불빛이 창을 통하여 보인다. 아니, 진실을 말하면 창밖의 불빛이 창에 영상을 만들어 내고 있다.

창에는 버스 안의 불빛이 만들어 내는 영상과 창밖의 불빛이 만들어 내는 영상이 혼재하여 새로운 영상을 만들어 낸다. 오랜 경험으로 나는 영상을 구분해 어느 것이 버스 안의 영상인지, 어느 것이 창밖의 영상인지를 습관적으로 구분한다. 그러나 보통은 구분 없이 창에 비친 영상을 수용한다.

몸을 닮은 버스를 탄다. 버스가 꼭 사람의 몸과 같다. 몸에도 창이 있다. 그 창에는 눈과 귀 그리고 피부를 통하여 빛이 들어온다. 빛은 에너지 형태를 갖는다. 에너지는 눈에서는 빛의 형태로, 귀에서는 소리의 형태로, 피부에선 접촉의 형태로 전환된다.

몸을 타고 나는 여행을 한다.

눈을 통해 '아름다운' 여인이 비친다. 여인이라는 빛이 눈에 들어온 순간, 그 빛은 기억장치 안의 특정 부위의 전등을 밝힌다. 그 내면의 빛이 밖에서 들어온 빛과 섞여서 그 여인은 '아름다운' 여인으로 채색되어 의식이라는 창에 비친다. '아름다움'이라는 빛은 그 옆의 '갖고 싶다'는 욕망의 빛을 함께 점등한다.

한순간 의식에 만들어진 영상은 이제 단순한 여인을 넘어선다. 여인이라는 단순한 영상에는 우주가 만들어진 이후의 모든 기억과 판단이 섞인 복합영상이 된다. 의식에 비친 영상은 이제 스토리를 갖고 흘러간다. 한 스토리가 다른 스토리를 만들어 내고, 이렇게 해서 시간이 만들어진다.

몸 밖의 그 여인은 이미 사라졌으나 그 여인이 만든 영상의 세계는 의식을 통하여 지속된다. 사람들은 그 상태를 꿈이라고 부른다. '나'는 몸이라는 버스 속에서 꿈을 꾼 것이다. 꿈은 다른 빛이 들어올 때 종료된다.

갑자기 '아름다운' 음악이 들린다. 음악이라는 빛이 의식이라는 창에 비치자 의식을 통하여 그 음악과 연관된 내면의 빛

이 점등된다. '좋다', '싫다'는 감정의 전등, 이 음악에 얽힌 과거의 사연이라는 전등 등등 수많은 전등이 불을 밝힌다. 그 빛이 의식이라는 창에 모여 새로운 영상을 만들어 낸다. 영상 속에서 스토리가 만들어지고 '나'는 꿈을 꾼다.

창에 비친 영상은 의식을 통하여 지각된다. 의식 속에서 여러 창으로 들어온 에너지가 영상화된다. 의식은 한 차원 높은 창이다. 의식은 에너지와 물질의 연결고리이다. 의식에 비친 영상은 물질세계에서 그대로 재현된다. 단지 시차를 가질 따름이다.

몸이라는 버스는 '나' 없이도 운행된다. 그럴 경우 버스는 정신없이 운행된다. 정신없는 상태의 나는 예측할 수 없고, 과거의 나와 다른 행동을 한다.

정신은 버스라는 몸을 제어하는 기능을 한다. 정신은 제어기능을 담당하는 주체이다. 제어력을 상실한 버스는 위험하다.

의식이라는 창에 비친 영상은 과거와 현재가 혼재된 허상이다. 그 허상을 진상이라고 보고 행동하면 미친 행동이 나온다. 정신은 의식의 창에 만들어진 영상 가운데서 허상과 진상을 구분할 수 있어야 한다.

어떻게 진상과 허상을 구분할 수 있을까? 내면의 전등을 모조리 끄는 방법이 있다. 전등이 켜질 때마다 정신이 의식적으로 그 전등을 끄는 것이다. 그러나 이 방법은 에너지가 소모된다. 의식적으로 소등하지 않으면 즉시 예전의 상태로 돌아간다. 다른 방법은 창을 모조리 제거하는 것이다. 버스에서 창을 열면 버스 안의 전등이 비치지 않는다. 버스 밖의 빛만 의식할 수 있다.

창을 제거하는 순간, 버스라는 시스템의 경계선이 사라진다. 경계선이 사라지면 버스와 환경은 모두 하나의 시스템 안에 통합된다.

몸이 나라는 생각을 버리면 경계선이 사라진다. 몸이 나라는 생각이 경계선을 만들기 때문이다. 몸이 나라는 생각을 버리면 허상이 사라진다. 허상이 사라진 의식은 이미 우주의식에 닿아있다. 우주의식 속에서 모든 것은 평등하고 하나이다.

저출산(低出産)과 포도나무

최근 언론 보도를 보면 우리나라가 OECD 국가 중에서 가장 출산율이 낮은 나라라고 한다. 몇 십 년 전만 해도 가족계획에 수많은 인력과 돈을 투입하던 것을 경험한 세대에 속하는 나에게는 놀랄 일이다.

저출산의 원인은 남자와 여자 모두 결혼하는 나이, 즉 결혼 적령기가 점차로 늦어지고 있고, 결혼을 한 부부도 예전과는 달리 경제적 여건이 마련될 때까지 출산을 미루는 습성 때문이라고 한다. 아이를 낳는 부부가 아이를 하나만 갖는 것을 선호하는 현상도 저출산의 또 다른 원인으로 지목되고 있다.

이대로 가면 한국의 인구는 21세기 중반부터 감소하기 시작할 것이고, 상대적으로 증가하는 노인 인구의 비중 때문에 복지정책에 많은 문제가 발생할 것을 사회과학자들은 경고하고 있다.

얼마 전 한 TV 프로그램에서 '와인'의 역사에 대해 특집으로 방송을 한 적이 있었다. 좋은 포도주를 얻기 위해서는 질 좋은 포도를 생산해야 하고, 질 좋은 포도는 태양과 물의 합작품이라는 것이었다.

여기에서 흥미를 끄는 몇 가지 사실이 있었다. 그 중 하나는 포도주를 만들기에 적합한 '좋은' 포도는 포도의 입장에서 보면 반드시 '좋은 여건'에서 만들어지는 것은 아니라는 것이다.

가장 질 좋은 포도주, 한 병에 수백 달러를 하는 포도주는 포도의 입장에서 보면 아주 척박한 땅에서 자란 포도라고 한다. 그 땅은 자갈과 모래로 뒤덮인 땅으로 비가 오면 비가 순식간에 스며들어서 포도나무가 그 물을 먹기가 힘든 그런 땅이라고 한다.

TV에서도 그 땅을 보여 주었다. 한눈으로 척박한 땅이라는 것을 알 수 있었고, 포도나무도 그래서 그런지 다른 지역의 포도나무에 비해 키도 작고 볼품도 없었다. 물론 그 지역의 태양광은 다른 지역과 같이 풍부했다.

북미 대륙을 식민화한 영국 왕실과 중남미를 식민화한 포르투갈, 스페인 정복자들의 최초 · 최대 관심사는 새로운 대륙에 포도나무를 재배하는 것이었다고 한다. 중남미 정복자들에게는 카톨릭 미사에 사용할 포도주가 필요했고, 영국 왕실로서는 프랑스에 대적할 만한 포도를 재배하는 것이 중요한 정책과제였던 것 같다.

문제는 미국 땅이 너무도 비옥한 것에서 발생했다. 포도나무들이 다음 세대를 위해 열매를 맺는 대신에 너무도 좋은 환경에서 넝쿨을 키우고 나무를 번성시키는 데에만 신경을 써서 포도 생산이 생각보다는 좋지 않았다고 한다. 또 다른 이유는 유럽에서 가져간 포도 종자가 새로운 땅에서는 그곳의 풍토병 때문에 살아갈 수 없었기 때문이라고 한다.

포도주 이야기는 우리나라 저출산 문제에 대해서도 많은 것을 생각나게 했다.

나는 1944년생으로, 2차 세계대전으로 전 세계가 미쳐 있을 때에 태어났다.

어렸을 적부터 나는 한 가지 의문이 있었다. 왜 전쟁 중에, 그 극심한 고통 속에서도 사람들은 아이를 낳을까?

포도주 프로그램을 보면서 나는 그 해답을 얻었다. 환경이 척박할수록 사람은 다음 세대를 생각한다는 것이었다. 생존확률이 적을수록 생물계에서 생물들은 더 많은 자손을 낳는 본능이 있음을 발견한 것이다.

지금 한국은, 적어도 최빈국을 눈으로 보고 경험한 필자에게는 지금 어느 세대보다도 잘살고 있다. 어느 세대보다도 경제적 풍요를 경험하고 있다. 어느 세대보다도 정치적 민주주의와 자유를 만끽하고 있다.

포도에서 배운 가설을 인간 세상에 적용시킨다면 한국의 저출산율은 '향상된 생활이 가져온 필연적 결과'라는 결론에 도달할 수 있다. 이 가설이 맞다면 정부가 어떤 종류의 경제적 인센티브를 제공한다고 해도 한국의 저출산율 현상은 당분간 지속될 것으로 보인다.

마사이족 이야기

EBS에서 '아웃 오브 아프리카(Out of Africa)'를 재방송했다. 여주인공과 남자 주인공이 하는 대화가 마음에 와 닿았다.

"마사이족은 자유인입니다. 그들을 통제할 수 없습니다. 그들을 감옥에 집어넣으면 죽고 맙니다. 그들에게는 현재밖에 없습니다. 그들에게는 미래가 없습니다. 그래서 현재의 답답함을 이기지 못하고 죽고 맙니다."

불교에서는 과거는 이미 지난 것으로 존재치 않는 것이고, 미래는 과거의 투영이기 때문에 미래도 존재치 않는 것이라고 가르친다. 오직 존재하는 것은 현재 뿐이라고 말한다. '지금 그리고 여기'만이 실존이라고 가르친다. 그래서 나를 자유스럽게 하는 것은 과거에 매임을 끊고 미래의 두려움이나 소망에서 자유스럽게 하는 것이라고 설법한다.

현재에 사는 것이 해탈의 길이라고 한다면 현재에 사는 마사이족은 왜 죽고 말까?

우리는 현재가 답답하면 밝은 미래를 상상하면서 살아간다. 현재의 상태가 미래에도 계속된다면, 그리고 그 현재가 고통스럽다면 삶은 고통스럽게 되고 더 이상 살아갈 수 없게 된다.

마사이족의 비극은 현재의 상태가 미래에도 영속될 것이라는 생각에 있다. 미래가 현재의 연속일 수는 없다. 미래의 '현재'는 알 수 없다는 특징을 갖는다. 소크라테스의 "나는 모른다는 것을 알 따름이다"라는 말은 이런 의미에서 음미해 볼 가치가 있다.

예측 가능한 미래는 이미 미래가 아니다. 고통스러운 현재를 살고 있는 사람에게 '인생무상'은 복음이다. '미래'에 희망을 가질 수 있기 때문이다. 그러나 특권 속에서 현재를 잘 살고 있는 사람에게는 '인생무상'은 두려움의 원천이 된다.

전쟁의 참혹함 속에서도 사람들은 살아남는 것을 본다. 그러나 생활의 풍족함 속에서도 실연의 아픔을 이기지 못하고 죽음을 선택하는 사람을 본다. 아마도 사람들은 전쟁은 곧 끝나는 것으로 미래의 희망을 읽고, 실연은 영원히 계속되는 것으로 생각해 절망을 보았기 때문인 것 같다.

'천상천하유아독존(天上天下唯我獨尊).'

독존은 현재에 있다. 그리고 그 독존의 현재는 미래에도 계속된다.

신은 만물을 사랑한다.

'인도로 가는 길'을 보고

EBS에서 '인도로 가는 길'이라는 다큐멘터리를 해주었다.

빅토리아 여왕 시절의 영국, 영국인의 생각, 철학 등을 잘 정리해 주었다. 청교도와 같은 여왕의 엄격한 가족관, 약자를 보호해야 한다는 신사도, 그리고 여왕 자신의 솔선수범, 해가 지지 않은 제국(帝國) 등등 대영제국의 건설이 우연히 이루어지지 않은 것이라는 것을 보여 주었다.

이 가운데서 나의 관심을 끈 것이 영국이 인도를 식민화(植民化)한 과정이었다. 내 상상을 넘어서, 인도를 식민화한 것은 영국 군대도 아니고 영국 정부도 아닌 동인도회사라는 일개 회사였다.

동인도회사는 인도에서 상사를 하면서 엄청난 돈을 벌었다. 인도는 방대한 국토에 영국인이 상대할 수 없을 정도의 많은 사람이 살고 있었다. 사람은 많았으나 넓은 국토에 산재되어 살고 있었고, 지역은 소왕국에 의해 다스려지고 있었다.

잘 연결된 두뇌가 뇌세포만 큰 두뇌보다 지능적이라는 생물학의 진리가 여기에서도 증명된 것이다. 빅토리아에 의해 잘 훈련되고 연결된 영국인들이 모래처럼 산재(散在)하고 있는 인도를 지배할 수도 있다는 것이 생물학의 진리이다.

그러나 그 과정은 너무도 충격적이었다.

동인도회사는 자신이 모은 돈으로 인도인 용병을 고용했다. 빈곤 속에서 살고 있던 인도인에게 동인도회사는 구세주였다. 회사가 지시하는 것은 그대로 신의 명령이었다.

인도인 용병을 군대로 만들어서 자신의 조국이 아닌 영국에 충성을 다하고 목숨을 바치도록 한 것은 영국군 장교였다. 영국의 발달된 관료제였다. 인도인 용병의 수는 한때에 25만이 넘었다. 그 숫자는 영국군의 10배가 넘는 수였다. 물론 기간병은 영국군이 차지하고 있었다.

영국은 인도인을 이용해서 인도를 차지한 용병술에 관한 천재였다. 그리고 그 영국의 통치에 정당성을 부여한 것이 빅토리아 여왕의 통치철학이었다.

빅토리아 여왕은 가족의 가치를 무엇보다도 높이 산 여왕이었다. 남편이었던 알버트 공과 사이가 좋았고 많은 아이를 낳았던 것 같다. 빅토리아의 가족 중심적 사고는 자연스럽게 여자와 아이들, 가족이 돌보아야 하는 '연약한' 사람들을 가족과

사회 그리고 국가가 우선적으로 보호해야 한다는 신사도(紳士道)로 이어진 것 같다.

인도에서 대영제국이 붕괴되기 시작한 것은 정치적, 경제적 이유보다는 문화적, 종교적 이유가 더 크게 작용한 것 같다.

문화적 충돌은 미망인을 죽은 남편과 함께 화장을 하는 인도의 장례의식에 대해 선교사들이 반대하면서 시작됐다. 그러나 이 충돌은 선교사의 주장이 영국 내에서 지지를 받았기 때문에 지속될 수 있었다.

심각한 충돌은 신소총에 사용하는 기름이 회교가 금지한 쇠기름이나 돼지기름을 사용했다는 소문이 돌면서부터였다. 훈련을 거부하고 탈영한 90여 명의 용병을 처벌하는 과정에서 반란이 발생했고, 이것이 전국적인 반감으로 작용하기 시작한 것이다.

아지물라 칸은 지방 소왕국의 집사였다. 그는 자신이 섬기던 왕을 위해서 영국을 방문했고, 산업화 초기 영국의 치부를 보고 귀국했다. 귀국하는 도중에 크리미아반도에서 벌어진 크리미아전쟁을 보았고, 영국이 불멸이 아니라는 확신을 갖고 귀국했다. 이 사람을 중심으로 체계적인 반영 반란이 기획되었고, 이 반란은 영국 민간인 학살, 그리고 이에 대한 영국의 보복으로 확산되었다.

문화적 갈등이 모래 같던 인도인을 하나로 묶는 끈의 역할을 해준 것이다. 그리고 이 끈을 효과적으로 움직인 것이 간디였다.

영국이 다른 나라의 문화에 겸손했을 때는 동인도회사의 돈으로 방대한 인도를 지배할 수 있었으나 문화적 우월주의에 빠지자 군대가 동원되었고, 직접적인 대결에서는 인구가 많은 인도가 궁극적으로는 이길 수밖에 없었다.

영국이 인도를 지배할 수 있었던 것은 분열을 통한 지배였다. 그러나 미숙한 문화 관리는 분열된 인도를 하나로 뭉치게 했고, 결과적으로 인도를 잃게 만든 것이다.

히틀러와 차우셰스쿠의 비극

제3제국의 히틀러와 루마니아의 차우셰스쿠(Nicolae Ceauescu) 사이에는 공통점이 많다.

두 사람 모두 인종개조를 통해 영광스러운 조국을 만세(萬世)에 전하려 한 점이다. 이들은 인종을 개량할 수 있다는 생각을 할 정도로 자신에 차 있었고, 국민들의 지지를 받고 있었다는 점을 기억해야 한다.

이렇게 보면 두 사람의 비극은 '박수칠 때에 떠날 줄 모른데에서 오는' 비극이었는지도 모른다. 그러나 이 두 사람의 비극의 뒤에는 나라의 운명을 자신을 포함한 소수의 엘리트가 정해야 한다는 전체주의적 사고가 있었다는 것을 명심해야 한다.

여기에서는 이 문제를 다루어 보기로 한다.

국가를 살아있는 시스템으로 보면, 국가는 항상 크고 작은 위기에 처한다. 국가라는 시스템에게는 끝이라는 개념이 있을 수 없다. 그 이유는 국가의 생존에 필요한 본질적인 기능 사이에는 상대적인 풍요와 빈곤이 자리를 하기 때문이다.

상대적으로 약한 기능을 국민의 입장에서 보면 위기가 된다. 그 약한 기능을 보완하면 다른 기능이 다시 상대적으로 약하게 되고, 그 기능이 다시 위기변수가 된다. 이렇게 해서 국가적 위기변수는 끊임없이 등장하고 사라지기를 반복한다. 물론 국가적 위기변수 가운데는 상대적으로 그 위험도가 큰 것과 약한 것이 있을 수 있다.

위험도가 크다는 것은 그 기능을 제대로 공급하지 못하면 국가가 생존을 할 수 없을 정도의 위험을 말한다. 위험도가 약하다는 것은 그 기능을 제대로 제공하지 못해도 생존 자체에 영향을 미치지는 않을 정도라는 말이 된다.

히틀러와 차우셰스쿠는 모두 국가적 위기를 어느 정도 해결한 사람이었을 것이다.

히틀러는 제1차 세계대전의 패전으로 국가가 존폐의 위기에 있을 때에 독일을 구한 인물로 등장한다. 차우셰스쿠도 공산 치하의 루마니아를 끌어올려서 올림픽의 신화를 창출한 인물이다. 두 사람 모두 초기에는 국민들로부터 어느 정도 사랑을 받았을지도 모른다. 왜냐하면 국가적 위기를 해결해 준 사람으로 보였을 것이기 때문이다.

성공은 실패의 시작이라고 할 수 있다. 성공적으로 국가적 위기를 탈피한 사람은 자신의 능력을 과신하는 심리를 갖게

된다. 자신만이 국가적 위기관리능력이 있고, 자신만이 미래를 바라볼 수 있는 능력을 가진 사람이라고 믿는다. 이 자신감이 자신을 망친다.

국민을 봉사의 대상으로 보지 않고 관리의 대상으로 보는 순간 비극은 시작된다. 국민을 어리게 보고, 국민을 관리의 대상으로 보기 시작하면 획일성이 국가를 지배하게 된다. 획일성은 국가의 환경적응력을 크게 감소시킨다. 살아있는 시스템의 환경적응력은 시스템이 갖는 다양성의 함수이다. 획일성이란 시스템을 구성하는 요소 내지 시스템의 활동을 바라보는 시각이 단순화되는 것이라고 할 수 있다.

획일성 관점에서 보면 세상에 존재하는 사람들 가운데서 상당 부분은 존재할 가치가 없는 사람들이다. 예를 들어서, 이 세상에는 20대 80의 법칙이 존재한다. 이것은 상위 20퍼센트에 속하는 사람이 시스템 산출량의 80퍼센트 이상을 만들어 낸다는 비공인된 법칙이다.

성질이 급한 지도자는 80퍼센트의 사람을 모두 20퍼센트의 사람처럼 만들기 위해서 각종 제도와 규제를 만들어 낸다. 그 결과 상위 20퍼센트 사람이 자유를 찾아서 다른 곳으로 직장을 옮긴다. 남은 사람 중에서 다시 20퍼센트가 산출의 대부분을 담당하지만 그 생산성은 예전과 같지 않다. 지도자는 더욱 더 엄격한 제도와 규제를 만들어 낸다. 그러나 그 결과는 동일하다. 획일적 정책이 가져올 수 있는 비극의 한 예이다.

이 경우에 가장 바람직한 정책은 20퍼센트와 80퍼센트를 구분하여 20퍼센트가 제대로 일을 할 수 있는 환경을 만들어 주면서 시간을 갖고 80퍼센트의 생산성 향상을 도모하는 정책이다.

조직에 따라서는 하위 20퍼센트는 조직이 정한 목적에 전혀 기여치 못할 수도 있다. 이 사람을 제거하면 나머지 중에서 다시 20퍼센트가 나올 수도 있다. 생산성이 높은 계층이 낮은 계층화하는 것이기 때문에 이것도 바람직하지 않다. 더욱더 문제가 되는 것은 이들 숙청 대상이 되는 20퍼센트가 다른 일에서는 상위 20퍼센트가 될 수도 있다는 사실이다. 다양성이 상실된 조직이나 사회는 활력을 잃고, 환경변화에 대한 적응력을 상실한 시스템이다.

혁명을 50년씩이나 하고 있는 쿠바나 북한은 이미 실패한 시스템이다. 자본가 계급을 타파하는 데에 50년이 걸렸다면, 그런 비능률적인 시스템이 급변하는 환경에 적응하기는 어려울 것이다. 자본가 계급을 타파하는 데에는 성공했으나 새로운 것을 건설하는 데에는 실패한 시스템인지도 모른다. 새로운 것을 건설하는 데에는 새로운 관점의 새로운 피가 필요했을 것이지만 아마도 이들 나라는 그 새로운 피의 공급이 단절된 것 같다.

하여간 히틀러와 차우셰스쿠도 초기의 국가적 위기 탈피에는 성공한 사람들인 것 같다. 그리고 그들 눈에 비친 국민은

자신이 먹여 살리는 대상이 된 것이다. 국민은 더 이상 자신의 결정에 투입을 하는 주체가 아닌 것이다. 이 순간 국민의 다양성은 사라진다. 자신이 원하는 방향으로 사고하고 행동하는 국민을 만들기 위해 교육을 통하여, 훈련을 통하여 국민을 개조하려 할 것이다. 그리고 더욱더 무서운 방법인 생물학적 개조를 시도할 것이다.

실제로 그들은 이것을 시도했다. 이들에게 있어서 일정한 표준을 채우지 못한 국민은 이미 국민이 아니었다. 여성도 개성 있는 인격체가 아닌 자신의 국민을 생산하는 생식기관에 불과했다. 이런 국가에서는 표준에 미달한 국민은 사람 이하의 대접을 받는다.

이것이 차우셰스쿠의 루마니아에서, 히틀러 치하에서 실제로 있었던 일이다.

이 사건들이 우리에게 암시하는 것은 국민은 관리의 대상이 아니고, 봉사의 대상이라는 것을 깊이 인식해야 한다는 점이다. 국민이 부동산 투기를 하고 교통질서를 지키지 않는다고 해서, 국민이 현 정부를 지지하지 않는다고 해서 국민을 관리의 대상으로 생각해서는 안 된다. 바로 그 생각이 전체주의적 발상이고 사고이다.

국민은 다양하다. 부동산 투기를 하고 교통질서를 지키지 않는 바로 그 국민이 반도체 신화를 만들어 냈고, 한강변의 기적을 이룬 데에 기여한 사람들이다. 바로 그 국민이 세계 최빈국에서 세계 10대 경제대국을 만든 사람들이다. 바로 그 국민이 경제개발과 함께 정치적 민주주의를 이룩한 사람들이다.

정치가는 국민을 존경하고 국민에게 봉사해야 한다. 국민을 관리의 대상으로 보아서는 안 된다. 국민을 관리의 대상으로 보는 그 순간 정권의 위기가, 나아가서 국가적 위기가 잉태되는 것이다.

비극을 피하는 방법은 전체주의적 발상을 접고, 방법론적 개인주의 사고를 도입하는 것이다. 국가적 비극은 피해야 한다.

'우등인간'과 '열등인간'
- 꿈이 없는 우등인간보다는 꿈이 있는 열등인간이 위대하다

EBS의 세계의 명화에서 '가타카(Gattaca)'라는 영화를 보았다. 유전자 조작 없이 자연 그대로 태어난 한 인간이 유전자 조작으로 완벽하게 제조된 인간이 살고 있는 세상에서 겪는 고통을 그린 영화였다.

자연 상태로 수태(受胎)된 그는 아무래도 그 세상에서는 육체적으로는 '열등인간'이 될 수밖에 없었다. 그러나 그에게는 꿈이 있었다. 우주선을 타고 우주로 날아가는 꿈이었다. 우여곡절 끝에 많은 시련을 이겨내고 그는 마침내 우주를 향해 날아가는 우주선을 타게 된다는 내용이었다.

비슷한 시기에 한 루마니아 독재자의 최후를 그린 다큐멘터리를 보았다. 그는 루마니아의 '인종개량(人種改良)'을 위해 일정한 기준에 도달한 아이만을 선발하여 국가에서 집중적으로 키우는 정책을 실시했다. 그리고 그 기준에 미달한 아이들은 짐승만도 못한 취급을 받으면서 죽어갔다. 그는 결국 자신이 만들고 길러낸 '자식들'에 의해 형장에서 총살되는 것으로 다큐는 끝이 났다.

히틀러도 비슷한 죄악을 저질렀다. '위대한' 독일 민족을 만들기 위해 그도 인종개량 정책을 실시했다. 그 결과는 무수한 유태인의 학살로 이어졌고, 인류 역사상 가장 추잡한 사람으로 기록되었다.

가타카와 루마니아 독재자 그리고 히틀러에서 발견되는 공통점은 인간을 자신의 기준에 맞추어서 선발하고, 신의 영역인 생(生)과 사(死)를 자신이 선택하는 어리석음을 저질렀다는 점이다. 그들의 비극은 인간의 위대함은 하드웨어에 있지 않고 인간의 가슴속, 머릿속에 들어 있다는 것을 이해하지 못한 데에 있었다.

이 세상에는 눈에 보이지 않는 '힘'이 있다. 그 힘은 생각의 힘, 염력(念力)이다.

동양적 시스템 이론에 의하면 생각은 기(氣)를 움직이고 기가 가는 곳에는 혈(血)이 따라간다. 그리고 혈을 따라서 물질이 이동한다. 물질이 이동하면 물질적 구조가 형성된다. 생각이라는 소프트웨어가 물질적 구조라는 하드웨어를 만든다는 것이다.

인간에게는 꿈을 꾸는 능력이 있다. 간절히 바라면 반드시 이루어진다. 이것은 우주의 법칙이다.

육체적으로 '열등'하게 보인다고 해서 정신적으로 '열등'한

것은 아니다. 육체적으로 '우등'한, 그러나 꿈이 없는 사람보다는 육체적으로는 '열등'하지만 꿈이 있는 사람이 위대하다. 가슴에는 사랑을, 머리에는 세상을 밝게 해줄 꿈을 가지고 있는 바로 그 사람이 우주의 주인이다.

유전자 조작으로 인간을 인위적으로 만들어 가는 세상이 도래(到來)했다. 인간 제조공장이 생기지나 않을까 걱정이다. 다양성이 사라지고 획일성이 지배하는 세상, 생각까지도 단순해지는 세상, 꿈까지도 획일화되는 세상은 이미 인간의 세상이 아니다. 그것은 인간의 형상을 한 로봇의 세상이다.

참된 인간의 세상, 신의 축복을 받은 인간의 세상은 꿈이 살아있는 세상이다. 사람의 마음속에 다양(多樣)한 사랑이 숨쉬는 세상이다.

이 세상의 모든 존재, 특히 모든 인간은 천상천하유아독존(天上天下唯我獨尊)이다. 풀이하면 이 세상에 존재하는 모든 인간은 '개개인이 비교할 수 없이 축복 받은 다양한 존재'이다. 이것을 깨닫는 것이 오늘을 사는 우리의 지혜이다.

중국인의 역사관

중국은 나라 땅이 넓은 만큼 주변 민족으로부터도 많은 침략을 받았다. 중국인은 자신을 세계의 중심, 즉 중화(中華)로 칭하면서 이민족을 오랑캐라 부르며 멸시했으나 자신들은 이들에 의해 지배받기도 했다.

대표적으로 몽고 민족에 의해 지배를 받았다. 몽고 민족은 중국을 정벌하고 원(元)나라를 세웠다. 만주족도 중국을 정복하고 청(淸)을 세웠다.

그렇다면 순수한 중국인 입장에서는 이민족에 의해 지배받은 시대를 역사적으로 어떻게 서술하고 있고 받아들이고 있을까?

우연히 대만 출신의 한 중국 학생과 이야기를 할 기회가 있었다. 그 학생에게 물었다.

“중국인 입장에서는 받아들이기 어려웠을 것 같은데, 원나라와 청나라의 통치를 중국의 역사로 받아들이는가?”

그 학생은 오히려 그 질문이 이해가 되지 않는다는 표정으로 말했다.

"중국 땅에서 일어난 일은 그것이 좋든 싫든 모두 중국 역사입니다."

다른 기회에 소수민족 출신의 중국 학자를 만났다. 동일한 질문을 했다.

학교에서 다른 시대의 중국 역사와 차이를 갖지 않고 역사를 배웠다고 했다. 그는 또 주변 민족이 중국을 점령하면 결과적으로 중국의 영토를 넓혀 주기만 했다고 말했다. 몽고족이 중국을 점령했기 때문에 중국은 몽고에 대한 영토권을 주장할 수 있게 됐다는 것이고, 만주족이 중국을 지배했기 때문에 만주에 대한 영토권을 주장할 수 있게 되었다는 것이었다.

이 주장은 큰 충격으로 나에게 다가왔다.

중국은 멜팅 팟(Melting Pot)인가? 자신을 정복한 민족을 흡수해서 자신의 것으로 만드는 이 힘은 어디서 나온 것일까?

중국이라는 나라가 갖는 특수성에서 찾을 수 있을 것 같다.

중국은 기본적으로 인구가 많은 나라이다. 그리고 영토가 넓은 나라이다. 이렇게 방대한 나라를 통치하기 위해서는 이에 걸맞은 규모의 인구가 있어야 한다.

인구에도 중력의 법칙이 작용하고 있는지 모른다. 중력의 법칙이란 모든 질량을 갖는 물체는 서로 끌어당기는 힘이 작용한다는 것으로, 질량이 무거운 물체가 질량이 가벼운 물체를 흡수하는 현상을 나타낸다.

몽고족이나 만주족은 인구 규모면에서 중국에 상대가 되지 않는다.

여기에서 또 다른 질문이 등장한다. 그렇다면 그렇게 적은 민족이 어떻게 큰 나라를 정복할 수 있을까?

정복은 인구 규모와는 상관이 없는 것 같다. 잘 훈련된 소수의 집단이 훈련되지 않고 뭉치지 않은 다수의 집단을 정복할 수 있는 것 같다. 그러나 정복과 통치는 다른 것이다. 정복은 핵심부를 쳐서 항복을 받아내면 되지만 통치는 조직을 필요로 하고 군사적 기술과는 다른 차원의 행정적인 기술과 제도 그리고 인력을 필요로 한다.

중국에는 오래 전부터 내려온 관료제가 있었다. 이 관료제는 통치자의 입장에서는 중립적인 기계이기 때문에 쓸모가 있었다. 중국의 관료 시스템을 이용하지 않고서는 중국을 통치하는 것이 거의 불가능했다.

중국의 관료제는 중국의 문화와 전통에 기반을 두고 있다. 그리고 중국인에 의한 중국의 통치라는 명분도 주었다. 일반 중국인의 입장에서는 자신을 통치하는 사람이 중국인인 이상 큰 저항을 느끼지 못했을 수도 있다.

중국의 관료제를 낳은 중국적인 문화에는 유교적인 전통이 자리를 하고 있다. 이 유교적인 교의에서는 통치자에 대한 복종을 미덕으로 한다. 집에서는 가장이, 국가에서는 왕을 정점

으로 하는 거대한 관료조직을 항상 지지하고 있다. 중국적 멜팅 팟의 뒤에는 방대한 그리고 조직적이며 중국문화를 바탕으로 한 관료제가 자리를 하고 있었던 것이다.

그러면 영국의 인도 통치는 어떻게 해석해야 하나?

세계적으로 인구가 많은 국가로는 중국 이외에 인도가 있다. 인도는 3백년 이상 되는 기간 동안 영국의 식민지였다. 영국이 인도를 지배했다. 인도에서는 영국 지배를 역사적으로 어떻게 기술하는지는 모르겠다. 그러나 한 가지 확실한 것은 영국도 인구 면에서는 인도에 비해 훨씬 적은 국가였다는 것이다.

인도도 인도 나름의 문화가 자리를 하고 있다. 그러나 인도를 점령한 영국이 인도에 흡수되지는 않았다. 물론 지리적으로 영국이 인도에서 멀리 떨어져 있었다는 것도 큰 이유가 되었을 것이다. 그러나 문화적으로 오히려 영국문화가 인도에 큰 영향을 미치는 것을 볼 수 있다. 반대로 인도문화가 영국에 얼마나 영향을 미치고 있는지는 확실치 않다.

영국이 인도를 통치할 때에도 인도인을 활용했다고 한다. 영국의 인도 통치방식은 분할통치(divide and rule) 방식으로 인도인을 분할시켜서 서로를 싸우도록 해서 통치를 했다고 한다. 영국 자체가 영국식 관료제를 갖고 있었기 때문에 인도식 행정제도를 도입할 필요가 없었을 것이다. 단지 중간통치를 위한 사람만이 필요했을 것이다.

문화적으로도 중국의 중앙집중적 관료제와 같은 문화가 인도에는 없었다. 인도인 입장에서는 영국통치 기간이 자신의 것이라는 확신을 갖기가 어려웠을 것이다. 아마도 인도인이 보는 영국통치 기간의 시각은 중국인이 보는 외국통치 시각과는 많은 차이가 있을 것 같다.

외침(外侵)을 보는 시각은 두 가지로 나뉘는 것 같다.

하나는 자신의 영토 안에서 발생한 사건은 모두 자신의 역사로 보고 기술하는 것이다. 이것은 중국식 역사관인 것 같다. 다른 하나는 외침 시기를 항쟁의 시기로 보고, 통치를 인정치 않고 선별적으로 역사적 사건을 선택하여 새롭게 서술하는 것이다.

중국이 고구려 역사를 자신의 역사라고 우기는 뒤에는 이와 같은 중국인의 역사관이 자리를 하고 있는 것은 아닌가? 그렇다면 한국의 경우 일제가 강점한 36년을 어떻게 생각해야 할까? 한국사의 하나로 인정하며 발생한 모든 것을 서술해야 할 것인가? 아니면 강점을 인정할 수 없기 때문에 항쟁의 역사만을 우리 것으로 인정해야 할 것인가?

이런 역사관의 차이는 역사 인식뿐만 아니라 우리의 학습능력에도 영향을 미칠 것이다.

한국의 경우에는 중국과 같은 역사관을 가질 수 없는 것 같다. 한국민은 일본에 비해 월등한 문화를 가지고 있다고 믿는

것 같다. 그러나 일본이 한국을 문화적으로 존경하고 이것을 자기 것으로 받아들인 것 같지는 않다.

영국은 인도인은 야만인으로 보고 인도인을 교화시키려 했고, 그것이 인도가 영국을 문화적으로 지배할 수 없는 이유가 되었다. 마찬가지로 식민통치기간에 일본이 한국을 문화적으로 우수하다고 인정하지 않았기 때문에 한국이 일본을 문화적으로 지배할 수 없었다.

외국의 침략에 대하여 한국인이 중국인과 같은 역사관을 갖기는 어려울 것 같다는 생각이 든다.

'오페라의 유령'과 프라이버시

모든 사람에게는 감추고 싶은 것이 몇 개는 있는 것 같다.

내가 전공하는 전자정부정책에서 중요한 것이 국민의 사생활보호정책이다. 그러나 사생활을 정의하기는 대단히 어렵다. 사생활은 개개인이 느끼는 인지적 상태이기 때문이다.

다음은 고등학교 선생님을 하는 제자에게서 들은 이야기이다.

학기 초가 되면 가정환경조사서라는 것을 작성한다고 한다. 환경조사서를 작성해서 제출한 후 하루나 이틀쯤 학교에 등교하지 않는 학생이 몇 명은 나타난다는 것이었다. 부모님의 학력이나 직업이 자신이 생각해서 부끄럽다고 생각한 학생들 중 몇 명이 심한 열등감을 느끼기 때문이라는 것이었다. 그 학생에게 부모 직업과 학력을 묻는 것은 사생활 침해에 해당된다는 생각이 들었다.

사람들은 들추어내 보이길 싫어하는 정보가 있다. 그것이

주변 환경일 수도 있고, 자신에 관한 것일 수도 있다. 그러나 사람에게는 다른 사람이 싫어하는 것을 더욱더 들추고 싶어하는 본능이 있는 것 같다. '임금님 귀는 당나귀'라는 우리나라의 옛날이야기가 사람들의 이런 본능을 잘 보여 준다.

우연히 TV에서 '오페라의 유령'을 보았다.

삶과 죽음은 인간의 일이 아닌 하느님의 일이라는 생각을 나는 평소에 갖고 있었다.

오페라의 유령은 태어날 때에 다른 사람과 다른 체형을 가진 사람, 그래서 한평생을 어둠 속에서 살아야 하는 사람의 이야기다. 그 사람의 운명은 이미 태어날 때에 정해졌다. 하느님께 모든 것을 맡기고 누구도 원망하지 않았을 때에 그 사람은 행복했다.

사람의 불행은 소유본능이 발동할 때에 시작된다.

그 사람은 한 여인을 사랑하게 된다. 사랑이라는 이름으로 연인들은 모든 것을 요구하고 원한다. 그 여인은 그 남자가 보여 주기 싫어하는 가면 뒤의 실제 얼굴을 보여 주길 원한다. 사랑이라는 이름 때문에, 그리고 그 여인의 강권 때문에 그 사람은 자신의 취약점을 보여 준다.

여인은 기절하고, 그 여인은 도망친다. 모든 것이 바뀌었다. 그 모든 상황의 원인은 그 여인의 '알고 싶어 하는' 본능이다. 행복의 절정에서 불행의 나락으로 떨어진 것이다.

남이 싫어하는 것을 눈감아 주는 아량, 그것이 사랑이 아닐까?

사랑이라는 이름으로 연인이 보여 주기 싫어하는 것을 강제로 보려 하는 것, 그것이 불행의 시작이다.

이런 측면에서 사생활보호는 국가의 강력한 보호가 필요하다. 개인이 노출하기 싫어하는 부분은 보호해 주어야 한다. 이것이 제대로 보호되는 나라가 제대로 된 나라이다.

사이버공간이 크게 확대되면서 모든 것이 자유라는 이름으로, 알 권리라는 이름으로 노출되는 것을 보면서 이것이 불행의 시작이란 지혜를 가져야 할 것이라는 생각이 들었다.

우주의 소리

물질의 본질은 무엇일까?

노벨물리학상을 탄 분의 특강을 인터넷을 통해서 들었다. 그는 흥미로운 사실을 알려 주었다.

모든 물질의 근원은 무게를 갖는 물질이 아니라 무게를 갖지 않는 파동이라는 것이었다. 파장이 우주의 근원이라는 것이었다.

어제는 또 다른 인터넷 특강, 음악의 여러 소리라는 특강에서 모든 물질은 고유한 파장을 갖고 있다는 것을 실험으로 보여 주는 것을 보았다(Princeton video lecture by Walter Lewin). 물질이 1초에 한번 진동하면 그것을 Hz라 표기하고, 헤르츠라고 발음한다는 것도 배웠다.

단순한 실이 진동수를 증가시키면 갑자기 반응을 하기 시작하다가 그 진동수가 지나면 다시 잠잠해지는 것을 실험을 통해 보여 주고 나서, 그는 그 첫 반응진동을 최초 하모니진동이라고 알려 주었다. 모든 물질은 고유한 하모니진동을 갖고 있다는 것이었다.

또 다른 실험에서 그는 편편한 유리에 모래를 뿌리고 그 유리에 진동을 가했다. 그러자 모래는 일정한 모습을 보여 주기 시작했다. 진동수에 따라서 모래는 여러 가지의 모습을 보여 주었다. 아름다운 모습이었다. 어느 모습은 마치 우리 태양계를 보는 것 같았다.

다리가 무너지는 것도 다리의 고유진동수가 작동한 것이라는 것과 유리병이 소리에 의해서 부서지는 것도 보여 주었다.

이 강의를 보면서 태양계의 생성도 우주진동 때문이 아닌가 하는 생각이 들었다. 우주의 먼지가 우주진동에 반응해 만들어진 것이 태양계이고, 은하계이고, 수많은 별들이 아닐까 하는 생각이 들었다.

그 생각을 하고 있는 그 순간에 나는 다른 특강을 들었다. 그것이 노벨물리학상을 탄 MIT의 젊은 교수의 특강이었다. 그는 마치 내 질문에 답이라도 하는 것과 같이 우주의 본질은 무게를 갖는 물질이 아니라 진동이라고 말해 주었다. 아마도 하느님께서 내게 우주의 비밀을 말해 주신 것 같았다.

물질이 진동으로 만들어질 수 있나? 그 다음 질문은 물질이 진동으로 만들어질 수 있을까 하는 것이었다. 이 질문에 대해서도 그는(Frank Wiczek of MIT) 명쾌한 답을 해주었다. 그는 그

것을 아인슈타인의 공식으로 제시해 주었다.

$E=mC^2$

이 공식은 물질과 에너지의 관계로, 에너지는 물질에서 만들어진다는 것을 보여 준다. 그러나 이 공식을 약간만 바꾸면,

$m=E/C^2$가 된다.

이것은 물질이 에너지로부터 만들어질 수 있다는 것을 보여 준다. 그런데 에너지는 다시 다음 공식으로 표현된다.

$E=hV$, 여기에서 h는 상수이고 V가 진동이다.

따라서 $m=hV/C^2$가 된다. 즉 물질은 V에 의해 만들어질 수 있다는 것이다.

진동이 물질이 되기 위한 조건을 찾아보자. 위의 공식으로부터 추론을 시작해 보기로 한다.

$m=hV/C^2$

아인슈타인 공식에서 C는 빛의 속도이다. C는 상당히 큰 숫자이기 때문에 물질이 형성되기 위해서는 상당히 큰 V가 있어야 한다. 즉 상당히 높은 수준의 진동이 필요하게 된다는 것을 의미한다.

낮은 진동에서는 무생물이 만들어지고, 높은 진동에서는 생물체가, 그리고 아주 높은 진동에서 인간이 만들어지는 지도 모른다. 그리고 인간보다 더 높은 진동을 가진 존재가 신일지도 모른다.

물질은 의식을 동반하는가?

딱딱한 물질 그 자체는 아무런 의미가 없다. 물질이 고유진동을 갖고 그것이 반응을 하는 것이 의식일 수 있다. 의식은 진동을 통한 에너지 교환이라고 정의할 수 있게 된다.

물질이 어떤 이유에서 고유진동을 낼 수 없게 될 때에 물질은 붕괴를 시작한다. 이것이 물질의 소멸이다. 그리고 소멸된 물질은 다른 진동에 의해 다른 물질로 그리고 의식으로 태어난다.

어쩌면 우리는 진동에서 진동으로 영원히 이동하는 우주의 여행자인지도 모른다.

광장(廣場)문화와 인터넷문화

광장, 그 중심에 서양문명이 있다.

유럽을 여행하고 돌아왔다. 뮌헨에서 출발해서 프라하를 거쳐 브르노 그리고 비엔나와 부다페스트, 그라츠와 잘츠부르크를 돌아서 다시 뮌헨으로 돌아오는 여행이었다.

여행사에서는 '동유럽 코스'라고 이름을 붙였으나 현지 안내인 말로는 이곳 사람들은 자신들의 나라를 동유럽이 아닌 중부유럽으로 분류한다고 한다. 이름이야 어떻든지 간에 이번 여행을 통해 중부유럽이 서양의 역사에서 중심에 서 있었다는 것을 알 수 있었다.

비엔나 합스부르크왕가의 영광이 그랬고, 헝가리 제국도 만만치 않은 나라였다. 체코의 높은 지적수준을 접할 수 있었고, 잘츠부르크에서는 음악의 뿌리를 보고 향기를 맡을 수 있었다.

유럽여행을 할 때마다 느끼는 것이지만 유럽의 도시는 광장을 중심으로 이루어져 있다. 그리고 그 광장은 사통팔달하는 도로망으로 연결되어 있다. 이에 비해 동양의 도시는 광장이나 도로망에는 대단히 인색하다.

1990년으로 기억된다. 수교 전 중국을 다녀와서 어느 신문에 중국에 대한 인상을 쓰는 칼럼에서 만리장성을 쌓는 노력을 진시황제가 도로를 만드는 데에 썼다면 세계의 역사를 다시 써야 했을지도 모른다는 말을 한 적이 있다.

이번 여행에서도 같은 생각이 들었다.

중부유럽의 여러 나라에서도 도시에는 반드시 광장이 그 중심에 있었다. 광장에는 항상 상인이 있다. 그리고 광장에는 항상 거리의 예술가가 있었다. 콩쿠르에서 입상한 사람들이 사회봉사 차원에서 하는 연주도 있고, 개인적으로 생계를 유지하기 위해 나온 거리 악사도 있었다. 하여간 유럽의 도시는 광장에서 시작하고 광장에서 종료하는 것 같았다.

한국은 누가 무슨 말을 해도 동양문화권(東洋文化圈)에 속한다. 그래서 그런지 한국에는 오래된 광장이 없다. 좁은 국토에 수많은 사람들이 살다 보니 광장을 만들 생각이 들지 않았을지도 모르지만 근본적으로 왕을 포함한 한국의 역대(歷代) 정치가들은 사람들이 모이는 것을 싫어했던 것 같다.

그런데 최근에 그 생활패턴에 변화가 생겼다. 한국에도 광장문화(廣場文化)가 시작된 것이다. 그 광장문화의 시작점은 인터넷과 pc가 만들어 낸 사이버공간이다.

사이버공간은 사람들을 폐쇄적인 공간에서 끌어내어 사이버공간의 광장으로 유인한다. 사이버공간에서 많은 사람들이 대화를 하고 토론을 벌인다. 자기와 의견이 다른 사람에 대해서는 인신공격도 서슴지 않고 한다. 사이버 광장은 총과 칼만 보이지 않지 '전쟁터'가 되고 있다.

플루타크 영웅전을 보면 고대 영웅들은 연설을 잘했다. 연설을 하려면 광장이 있어야 한다. 서양문명의 중심에 광장이 있어야만 그것이 가능하다. 서양문명의 중심에는 영웅이 국민에게 직접적으로 호소하는 경우가 많다. 일종의 직접민주주의가 성행했던 것 같다. 상대적으로 적은 시민을 상대로 직접적인 연설이 가능했던 것으로 보인다.

이제, 세상이 다시 변했다.

사이버공간이 생활공간화된 지식정보화 사회에서 우리는 살고 있다. 사이버공간의 특징은 '열린 공간'이라는 데에서 발견된다. 열린 공간을 다른 말로 표현하면 광장이다. 따라서 지식정보화 사회의 문화의 특징은 광장문화의 특징을 갖는다. 사이버 광장은 사이버공간에 국한되지 않고, 때로는 물리적 공간, 즉 광장으로 사람을 이끌어 내기도 한다. 우리는 그 사례를 한국에서 발견한다.

2002년 한국에서 개최된 월드컵은 사이버 광장이 물리적 광장과 연계될 수 있다는 것을 알려 준 일대 사건이었다. 자발적으로 형성된 응원모임인 '붉은악마'가 사이버공간에서 활동을 하다가 경기장을 활동무대로 했고, 이어서 광화문, 시청 앞 '광장'을 점령한 것이다.

자발적이고, 비정치적이고, 애국적이고, 재미있고, 역동적인 모임이 이루어진 것이다. 질서를 배우고, 집단으로 즐길 수 있다는 것을 알고, 낯선 사람과 함께 할 수 있다는 것을 알게 된 것이다. 월드컵 이후 한국의 문화는 동양적인 특징에서 서양적인 특징으로 한걸음 나아간 것으로 볼 수 있다.

효순-미선 사건도 사이버공간의 모임이 물리적 공간의 촛불모임으로 이어진 대표적인 사례에 속한다. 다만 월드컵과의 차이는 이 사건은 다분히 '정치적'인 속성을 보이고 있다는 점이다.

월드컵과 이 사건의 공통점은 모두 감정적인 차원에서 한국인의 감정, 특히 프라이드에 근거하고 있다는 점이다. 월드컵이 긍정적인 프라이드에 기초를 두고 있다면 이 사건은 부정적인 프라이드에 기초하고 있다(프라이드라고 이름을 지었으나 다른 말로는 '국민적 에고'로 표현해도 무방할 것으로 보인다).

쇠고기 파동도 인터넷 모임이 대규모 촛불시위로 이어진 사례이다. 인터넷 공간에서의 자발적인 대화와 토론이 물리적 공간에서의 촛불모임으로 이어진 것이다. 이 사례와 이전 두 사례의 공통점은 모두 '국민적 에고'를 건드리고 있다는 점이다.

이명박 정부가 쇠고기 협상에서 국민적 관점을 따지지 않고 일방적으로 미국에 양보했다는 것, 그리고 그 이후 이명박 정

부가 자신의 입장을 굽히지 않으려고 했다는 점 등이 논리적 뿌리를 형성하고 있었다. 쇠고기 파동은 국민적 저항운동으로 바뀌었고, 부분 개각과 대통령의 사과를 가져왔다.

이들 사례의 첫째 공통점은 사이버공간에서 자발적으로 이루어진 모임이 많은 사람의 공감을 얻어서 물리적 공간의 행동으로 발전되었다는 특징을 갖는다.

둘째 공통점은 월드컵에서 배운 광장문화가 작용하고 있다는 점이다. 즉 시위가 축제화하고 있다는 점을 들 수 있다.

촛불이 주는 종교적이면서 축제적인 분위기가 많은 사람들에게 엔터테인먼트(entertainment)적인 즐거움을 주었고, 이것이 사이버공간의 모임을 물리적 공간의 모임으로 만든 직접적인 원인으로 해석된다. 물리적 공간의 모임이 주는 심리적인 즐거움을 사이버공간은 줄 수 없기 때문이다.

다음으로 위의 사례들 사이에서 발견되는 차이점을 살펴보기로 한다.

첫째 차이점은 월드컵은 비정치적이고 순수한 문화적 축제의 광장이었으나 효순-미선 사례와 쇠고기 사례는 표면적인 비정치성에도 불구하고 이것을 정치적으로 이용하려는 세력이 존재할 수도 있다는 특징을 갖는다는 점이다.

둘째 차이점은 월드컵은 새로운 문화형성이라는 흥분점이

있었고 광장적 모임에 대한 반대가 없었으나 다른 사례는 반대세력이 등장했다는 점이다.

이들 사례를 통해 다음과 같은 시사점을 얻을 수 있다.

사이버공간의 모임이 일정한 조건만 충족되면 언제라도 물리적 공간의 모임, 즉 광장의 모임을 이끌어 낼 수 있다는 점을 들 수 있다. 수많은 대화와 토론 중에서 '어떤 주제가 물리적 공간의 광장모임화 하는가'는 앞으로 많은 연구의 주제가 될 수 있을 것이다.

이 순간, 가설적으로 제시할 수 있는 주장으로는 다음을 들 수 있다.

가. 이슈가 단순하고 명확해야 한다. 이슈가 복잡하면 이것이 광장화할 수 있는 가능성을 낮춘다.

나. 단일 이슈가 더 높은 확률을 준다. 단일 이슈로 출발했으나 이후에 복합 이슈화하면 물리적 공간에서의 추진력이 현저히 저하된다.

다. 축제적 분위기가 클수록 광장화할 가능성이 높다.

라. 비정치적인 이슈일수록 광장화할 가능성이 높다.

마. 그러나 이들 모두 시간이 흐르면 점차 그 열기가 식는다.

그리고 정치적, 행정적으로는 다음과 같은 의미를 가져다 준다.

가. 논리적으로 정당성을 가진 정책이라 해도 감정적인 정당성을 갖지 못하면 정책은 수정될 수밖에 없게 된다.

나. 인터넷 공간은 기본적으로 '정보과잉(information overload) 현상을 발생시킨다. 정보과잉 현상이 발생하면 사람들은 단순한 정보, 특히 감정적인 정보에 의존하게 된다. 정부정책이 너무 복잡하고, 너무 전문적이고, 너무 많은 정보가 제공되면 사이버공간에서 정보과잉 상태를 만들어 내고 이것이 논리성보다는 감정적 정보가 사이버 공간을 지배하게 되는 원인을 제공해 준다.

다. 기존 정치가나 행정가의 입장에서 보면 인터넷 공간에서 발생하는 대화나 토론에 대해 체계적인 모니터링이 필요하다. 그리고 이 대응에서는 논리적 합리성보다는 정서적 접근이 더 효과적이다.

이 부분에서 우리는 지식정보화 시대에 요구되는 '새로운 대통령상'을 도출할 수 있다. 지식정보화 시대의 대통령은 논리성과 함께 국민에게 정서적으로 가깝게 다가갈 수 있는 사람이어야 한다. 그리고 그는 복잡한 논리보다는 국민이 사용하는 단어와 상식 그리고 유머가 풍부한 사람이어야 한다(레이건 대통령이 아마도 이런 대통령의 대표일 수도 있다).

국민이 사용하는 개념이나 단어, 특히 젊은층에서 사용하는 단어는 인터넷 공간에서 찾을 수 있다. 이런 면에서 인터넷 공간에서 사용하는 상식이나 단어에 대해서도 기존 정치권이 '공부'를 해야 할 것이다. 결론적으로 지식정보화 사회에서 정책의 가치는 기능적 가치에 정서적 가치가 합쳐진 수직적 합의 개념으로 이해해야 한다.

방송과 통신의 융합으로 나타날 새로운 매체, 예를 들면 IPTV의 등장은 시민의 입장에서는 오히려 정보과잉을 부채질할 가능성을 높인다. 이것이 사실로 나타나면 정책의 정서적 가치, 즉 이미지 가치가 정책 가치에서 차지하는 비중이 지금보다도 더 커질 수도 있다. 그리고 정서적 가치의 결정 과정에서 인터넷 공간에 생성된 대화의 '광장'이 큰 역할을 하게 될 것이다.

물고기 군무(群舞)의 비밀

TV 프로그램에서 흥미로운 '비밀' 하나를 보여 주었다. 수많은 물고기가 한 무리가 되어 일사분란하게 움직이는 것은 복잡한 로직(Logic)이 있어서가 아니라 아주 단순한 3가지 원칙이 있어서라는 것이었다.

첫째 행동원칙은 물고기는 바로 옆에 있는 물고기가 하는 대로 따라서 한다는 것이었다. 이것을 '옆만 보기' 원칙이라고 부르자. 옆만 보기에는 항상 옆에 물고기를 두는 원칙이 추가된다. 이것을 '동반자 두기' 원칙이라고 부르자.

둘째 행동원칙은 옆 물고기와 일정한 공간을 유지한다는 것이었다. 이것은 '공간유지' 원칙이라고 부르자.

셋째는 외부의 공격이 들어오면 우선적으로 피하고 본다는 원칙이다.

TV 프로그램에서는 컴퓨터 시뮬레이션을 통해서 이 원칙이 작동하고 있음을 보여 주었다.

이 세상에는 너무도 정확해서 마치 복잡한 행동원칙이 숨어 있는 것 같은 것도 내면을 살펴보면 아주 간단한 원리 몇 가지로 움직이는 것을 본다. 비행기가 비행장을 찾아가는 자이로스코프 원리도 아주 간단하다고 한다.

이 현상을 사람들의 군무(群舞)에 적용해 보자.

동물계에서 보면 개체 하나하나는 약하지만 전체로 모이면 엄청난 힘을 발휘하는 것들이 있다. 대표적인 것으로는 메뚜기가 있고, 개미와 벌이 있다. 조금 큰 동물로는 하이에나가 있다. 물론 인간도 그 중 하나이다.

집단생활을 하는 동물을 움직이는 원리를 찾는 일은 대단히 흥미로운 일이다. 다른 동물의 숨은 원리는 동물학자의 소관이기 때문에 그들에게 맡기기로 하고 여기에서는 사람들 집단행동의 숨은 원리를 찾도록 하자.

사람이 갖는 첫째 행동원칙은 '아는 사람' 주변에 모이는 것이다. 실제로 하루의 생활 가운데서 우리가 낯선 사람과 대화를 한 횟수를 찾아보면 놀랄 것이다. 많은 경우에 10회를 넘지 않는 것을 알고 스스로도 놀랄 것이다(물론 이 부분은 검증을 필요로 한다).

우리는 많은 사람과 접촉하면서 사는 것 같아도 사실은 우리가 아는 사람끼리만 대화를 하고, 만나고 그리고 생활을 한다. 지하철에서 걸어다니면서 핸드폰을 통해 하는 우리 대화

의 대부분도 사실은 아는 사람과의 대화이다. 물론 업무상 낯선 사람을 대해야 하는 경우는 예외이다.

이것을 '아는 사람끼리'의 원칙이라고 부르기로 하자. 이 원칙은 물고기 행동원칙에서 약간의 수정을 해야 할 부분이다.

둘째 행동원칙은 서열화 원칙이다. 이것은 모인 사람 사이에서 서열을 찾고 그 서열에 따라서 행동범위를 정하는 원칙이다. 이 원칙은 물고기의 공간유지 원칙과 일맥상통한다.

셋째, 인간행동에서도 자기가 믿는 사람의 행동을 무조건 따르는 원칙이 있다. 이것을 '따르기' 원칙이라고 부르자. 이것은 물고기가 옆 물고기가 하는 것을 따르는 원칙과 맥을 같이 한다.

넷째, 집단에 대한 공격이 들어오면 무조건 피하고 본다. 이것도 물고기 군무원칙과 같다.

이상은 물고기 군무원칙에서 따온 인간 집단행동의 원칙이다.

물고기와 인간의 차이점은 이 원칙에 반영되지 않았다. 물고기와 인간의 차이는 물고기는 수동적 집단행동을 하지만 인간은 공격적 집단행동도 한다는 점이다. 이 차이는 인간의 경우에는 공격의 선두에 서는 인간의 주위에 사람들이 모인다는 원칙이다. 즉 지도자 주위에 사람이 모인다는 원칙이다.

인간행동에서 나타나는 공적인 행동과 사적인 행동을 살펴보자.

인간의 집단행동에서는 물고기 집단에서 보기 어려운 행동이 등장한다. 그것은 개체보다는 집단의 이익을 먼저 생각하고 행동하는 사람이 있다는 것을 전제해야 한다는 점이다.

무엇이 공적인 일이고 무엇이 사적인 일인지를 구분하는 일이 결코 쉬운 일은 아니다. 그러나 간단한 분류방법은 행동의 기준이 되는 시스템을 보는 눈높이를 집단에 두는 경우와 개인에 두는 경우로 구분하는 방법이다. 두 집단 사이의 군무원칙은 달라질 수밖에 없다.

여기에서는 공적 집단의 군무원칙만을 다루기로 한다.

공적 조직은 계층적이고 사람 사이의 공식적 공간이 법적으로 정해져 있다. 권한과 책임이 그 공간의 다른 이름이다. 사람들이 갖는 간단한 행동원칙은 '권한의 극대화'와 '책임의 최소화'이다. 권한을 극대화하는 방향으로 집단화를 하고, 책임을 극소화하는 방향으로 집단화를 한다.

예를 들어서 자신의 권한을 강화하는 데에 기여할 것으로 보이는 개체를 주변에 두려 하고, 자기에게 책임을 돌릴 것 같은 개체는 멀리한다. 이것을 '권한 가까이' 원칙과 '책임 멀리' 원칙이라고 부를 수 있을 것이다.

공격적인 사냥을 하는 경우에는 권한 가까이 원칙이 작동하고, 공격을 받은 경우에는 책임 멀리 원칙이 작동한다. 공적집단의 집단행동이 느슨해지면 사적 집단행동이 지배한다.

사적 집단행동에서는 감정과 문화가 지배한다. 이에 반해서

공적 집단행동에서는 논리가 감정에 앞선다. 감정과 문화를 지배하는 경우에 나타나는 집단행동은 가족관계, 학교관계, 출신지역관계, 종교관계 등을 따라서 모인다. 이 원칙을 '끼리끼리' 원칙이라고 부르자.

끼리끼리 원칙에서는 끼리끼리는 가까이 하고 그렇지 않으면 멀리하는 집단행동이 일어난다. 이 원칙이 작동하면 공적 집단행동이 심하게 침해받는다.

물고기 군무에서 보여 준 것 같은 모임의 원칙에서는 무용과 유용의 구분이 없다. 혼자보다는 옆에 누군가를 두기를 원하고, 그 이웃의 행동을 관찰하면서 그 행동을 따르되 이웃과는 일정한 공간을 유지하면 우리가 관찰하는 물고기의 군무(群舞)가 형성된다.

여기에서는 물고기의 이웃이 누구든 상관없다. 모두 유용하다.

여기에 질문이 생긴다. 물고기의 방향전환은 어떻게 이루어질까? 그 원리도 간단할 것 같다.

무리의 바깥에 있는 물고기는 무리 쪽을 향해 움직인다. 따라서 무리가 흩어지지 않는다. 무리는 일단 정해진 방향을 향해 나아간다. 그 방향에 장애물이 나타나면 바깥에 있던 물고기가 방향을 전환한다. 그러면 그 주위에 있던 물고기가 그 물고기를 따라서 방향을 전환하고, 이것이 집단 전체로까지 전파된다.

여기에 또 다른 질문이 등장한다.

바깥 물고기가 방향을 전환했지만 그 물고기 옆에 있던 물고기 입장에서 보면 바깥 물고기의 방향과 안쪽에 있는 이웃 물고기의 방향이 다르다. 이 경우에는 어떤 기준에 의해 행동할까? 아마도 이 경우에는 바깥에 있는 물고기에게 우선권이 주어질 것 같다.

이 간단한 행동원칙에 의해 우리가 관찰하는 물고기 군무가 형성된다. 물고기 군무는 정치시스템상 큰 의미를 갖는다.

권위주의적 정치체제에서는 집단에게 명령을 하는 지도자가 존재해야 한다. 그리고 나머지 개체는 이 지도자의 지시에 따라야 한다.

민주적 정치체제는 기본적으로 지도자의 존재를 인정치 않는다. 물론 대의민주주의에서는 일정기간 동안 지도가가 그 방향전환의 과업을 맡아서 하는 것으로 되어 있지만 장기적으로 보면 지도자의 존재를 인정치 않는다.

민주적 정치체제는 밖에서 관찰하면 아마도 물고기의 군무와 같을 것이다. 지도자도 없이 집단이 같이 행동을 하고 또 위험에 처하면 집단으로 방향을 전환한다. 집단이 개체보다 덜 위험하기 때문에 집단이 와해되는 법이 없다. 여기에서 우리는 물고기의 지혜를 배울 수 있다.

물고기 군무에서 모든 개체는 동등하다. 모든 개체는 아주 단순한 행동원칙 하에서 움직인다. 그리고 그 행동원칙이 집

단적 행동을 형성한다. 이 군무에서는 개체 사이에 유용과 무용이 존재하지 않는다. 모두 유용하다.

물고기 군무가 외부의 위협에서 방향을 전환하듯이 사람의 집단행동에서도 환경에 가장 가까운 개체가 방향을 전환하면 그에 따라서 집단도 방향을 전환하면 된다. 이것을 '방향전환의 원리'라고 부르자. 이 방향전환의 원리는 가장 기본적인 행정개혁의 원칙이다.

행정개혁이 성공하기 위해서는 이데올로기를 따르는 것보다는 위험에 가장 가까운 개체의 움직임에 우선권을 주면 된다. 이렇게 되면 분야별 전문가가 '지도자'가 되는 것이고, 이 사회는 다양한 전문가에 의해 이끌려지는 집단군무 형상을 만들어 갈 것이다. 인간의 집단행동에서 가장 기피해야 할 원칙은 미리 유용한 개체와 무용한 개체를 정해서 격리하는 일이다.

왕조시대 양반과 쌍놈 사상은 이 구분의 대표적인 제도이다. 이것이 가져온 사회적 피해를 우리는 너무도 많이 보아왔다. 무용과 유용을 개체를 중심으로 판정하면 이 기득권을 유지하기 위해서 엄격한 기준을 만들고 또 유지해야 한다. 이것은 그 사회의 변화적응력을 현저히 떨어뜨린다. 결국 그 사회는 다윈이 주장한 적자생존의 원칙에 의하여 도태되고 만다. 우리는 그 오류를 피해야 한다.

액셀러레이터와 브레이크

자동차를 움직이기 위해서는 액셀과 브레이크가 모두 필요하다. 액셀의 입장에서 보면 브레이크는 무용이다. 브레이크 입장에서 보면 액셀은 무용이다. 그러나 자동차 입장에서 보면 액셀과 브레이크 모두 유용하다.

환경미화원이 종이를 버리는 학생을 야단쳤다.

교수가 공부 못하는 학생을 데려다가 막 야단을 쳤다. 그리고 학교를 그만두라고 고함을 쳤다.

경관이 도적에게 혼쭐을 내고 있었다. 그리고 도적들 때문에 '못 살겠다고' 하소연했다.

의사가 환자에게 평소 건강관리를 잘못했다고 야단을 치고 있었다.

위의 사례를 무용과 유용성의 관점에서 분석해 보자.

야단을 치는 사람과 야단을 맞는 사람이 있다. 사회적으로

야단을 치는 사람은 유용한 사람으로 존경을 받는다. 그러나 야단을 맞는 사람은 무용한 사람으로 손가락질을 받는다. 그러나 한 발자국 뒤로 물러서서 생각해 보면 이야기가 달라진다.

환경미화원이 가장 감사해야 할 사람은 거리에 휴지를 함부로 버리는 사람이다. 그런 '무용한' 사람이 없었더라면 그는 밥을 먹고 살 수 없을 것이다.

대학들은 경쟁적으로 공부 잘하는 학생을 선발하려고 한다. 이런 현상은 어찌 보면 대학에서 학생을 교육하는 것보다는 우수한 학생의 덕을 보려는 것으로 해석할 수 있는 측면도 있다.

학생들이 모두 우수하다면 왜 대학이 필요할까? 학교가 필요한 것은 학업을 못 따라가는 학생이 있어서가 아닐까? 교사나 교수가 밥을 먹고 사는 것은 사실 공부를 못하는 학생이 있어서 아닐까? '무용한' 학생이 있어서 교사나 교수가 일거리가 생긴 것은 아닐까?

사회적으로 무용한 범죄자 때문에 수많은 경찰과 검찰 그리고 이 분야에 종사하는 사람들이 직장을 유지하고 살고 있다. 유용과 무용의 관점에서 보면 이 세상은 균형을 유지하고 있다. 우리가 무용이라고 생각하는 행위가 전체의 관점에서는 유용이 될 수도 있다.

액셀과 브레이크가 잘 조화를 이룰 때에 자동차가 순행을 하는 것처럼 이 세상도 무용과 유용이 조화를 이룰 때에 잘 돌아갈 것이다.

지장(智將)이 불여복장(不如福將)

오늘 일간지에 흥미로운 기사가 실렸다.

일본 제국주의 시절, 노일전쟁이 발발했다. 당시 러시아 발틱함대는 세계 최강이었다. 그에 맞서는 일본 함대는 아직 정비 중이었다. 일본은 연합함대 사령관을 임명해야 했다. 몇 사람이 후보에 올랐다. 그 가운데서 이순신 장군을 사모한다던 도고가 사령관이 되었다.

이 임명 뒤에는 에피소드가 있었다고 한다.

도고 사령관은 다른 사람에 비해 '재수가 좋은' 사람이었다고 한다. 도고가 재수가 좋은 사람이라는 소문이 그 사람을 사령관에 임명하게 만들었다고 한다.

인사행정에서 고려해야 할 사항은 그 사람의 능력과 함께 운도 고려해야 한다는 것을 암시하고 있다. 도고의 사례는 이것을 잘 말해 주고 있다.

낮은 데로 임하고 매 순간 감사하십시오

스테파노 김수환 추기경이 선종하셨다.

그를 마지막으로 보기 위해 수많은 사람들이 추위에 떨면서 3시간 이상을 기다리며 빈소를 찾았다.

그가 자란 과정을 보면 가난한 옹기장이 아들로 태어나서 추기경이 된 것부터가 예사롭지 않다. 그는 하느님이 추기경 일을 위해 이 세상에 보내신 분 같다는 생각이 든다.

자신의 의지와는 상관없이 가톨릭 사제가 되었고, 끊임없는 회의 속에서 그는 겸손과 사랑을 익혔다. 장사를 배워서 자신의 상점을 갖고 25살에 장가를 가려고 했던, 너무도 순결한 이 청년을 하느님은 이미 점지해 두고 계셨던 것 같다.

대동아전쟁에서도 하느님은 그를 보호하셨고, 한국전쟁 중에서도 그를 보호하셨다. 그리고 그를 큰 그릇으로 키우셨다. 자신을 항상 낮추었건만 하느님은 이 청년에게 서울 교구를 맡기고 아시아 최초의 추기경이라는 직분을 주셨다.

이 버거운 짐을 그는 겸손으로 해결하셨다.

이 버거운 짐을 그는 낮은 자세로 해결하셨다.

한국의 근대사는 김수환 추기경을 빼고는 저술할 수 없다는 생각이 들었다.

마지막 원고 제목이 '나는 누구인가?'였다고 한다.

나는 찾을수록 사라지는 존재인 것 같다. 나는 존재하는 것 같지만 그 실상을 보면 사라지는 것 같다. 내 고유한 것이 있는 것 같지만 사실은 남이 나에게 심어 준 것 같다. 나를 높이면 보이지만 나를 낮추면 사라지는 존재인 것 같다.

나를 한없이 낮추면 나는 사라지고 전체만 남는다. 그 내가 사라진 빈 공간에 성령이 들어오신다. 매 순간 성령이 주관을 하신다. 물속에서 자신을 완전히 놓은 사람과 같다. 나는 사라졌으나 죽지 않는다. 성령이 나를 뜨게 하신다.

허상인 나를 없애는 가장 좋은 길은 그래서 첫째로 나를 낮추고, 둘째로 매 순간 매사에 감사하는 것이다. 감사하는 마음은 성령을 모셔 오고 모시는 첩경이다.

하느님!
김수환 추기경과
한 공간, 한 시간을 지낼 수 있도록 해주신 것에
감사드립니다.

하느님!

먼발치에서

김수환 추기경을 느낄 수 있도록 해주셔서

감사드립니다.

보리밭의 추억

언제부터인가 나의 지정곡은 윤용하 곡인 '보리밭'이 되었다.

1972년으로 기억된다. 미국 동서문화센터 장학생으로 선발되어 8월 어느 날 꽃향기가 가득한 호놀룰루공항에 도착했다. 기숙사에서 여장을 풀고 쉬는데 내일 새벽에 이웃 섬인 하와이 섬으로 가야 한다는 전갈이 왔다.

오리엔테이션 일정이 모두 끝나고 각국에서 온 학생들이 나라별로 장기자랑을 하는 국제 친선의 밤 행사가 열렸다. 다른 나라와 달리 마땅한 집단 노래나 무용이 없는 한국 팀은 큰 걱정이었다. 모두 의기소침해 있었다. 떠밀리다시피 하여 목소리가 큰 내가 독창을 하게 되었다. 그때 내가 부른 곡이 '보리밭'이었다.

큰 호응이 왔다. 한국 팀은 덕분에 큰 망신을 당하지 않고 국제 친선의 밤을 넘길 수 있었다. 그날 이후 난 그만 동서문화

센터의 명물이 되었다. '한국의 마리오 란자'라는 분에 넘치는 수식어가 따라다녔다. 컴퓨터 과학을 공부하러 간 내가 국제 친선의 밤 행사 덕분에 갑자기 성악가 대접을 받게 된 것이다.

대학에서 경제학과 행정학 그리고 컴퓨터학을 공부하고, 평생을 정보화와 전자정부 구현에 몰두한 나의 '무미건조한' 생활을 구해 준 것은 음악이었다. 지금도 나의 하루는 고전음악이 항상 흘러나오는 방송국에 채널을 맞추는 것으로 시작된다. 나에게 있어서 음악은 생활의 한 부분이 되었다. 생활에 활력을 불어넣어 주는 '크고 좋은' 목소리를 선물로 주신 부모님께 항상 감사드린다.

초등학교 시절부터 항상 합창부에 뽑혔고, 실기 위주의 음악 점수는 90점 이하로 내려가 본 적이 없다. 소풍을 가면 항상 기쁨조로 뽑혀서 동요와 함께 유행가를 불렀다. 약주를 좋아하시던 선친은 약주가 거나해서 늦게 귀가하시면 잠을 자는 나를 깨워서 노래 한 곡을 하도록 하시고는 만족한 표정으로 취침하시곤 하셨다.

대학에 진학한 이후에도 등산을 가거나 야유회를 가면 노래는 내 담당이었다. 대학을 졸업하고 한국과학기술연구원(KIST)에 근무할 시절, 휴일에 자주 가는 곳은 도봉산이었다. 직장 동료 가운데 음대를 졸업한 여자 동생이 있었다. 그 친구 덕분에 음대 졸업생들과 산행을 자주 하게 되었다.

산행 중 쉬는 시간에는 모두 목소리를 뽐내었다. 내 목소리가 좋다고, 그래서 잘 다듬으면 프로 못지않은 성악가가 될 수 있다는 '꾀임'에 빠져서 그들이 대학재학 시절에 연습하던 동대문 부근의 음악대학 연습실에 함께 갔다. 그곳에서 학생들의 발성 연습 소리가 만들어 내는 '소음'에 거의 기절할 뻔했다.

그녀들은 그곳에서 악보를 주면서 피아노에 맞추어서 노래를 하도록 했다. 그러나 악보를 제대로 읽을 줄 모르는 나는 곧 악보맹(樂譜盲)이라는 것이 들통 났으나 목소리가 아까우니까 연습하면 된다는 설득에 몇 번 더 연습실에 끌려가서 연습을 하다가 줄행랑을 쳤다.

이가 없으면 잇몸이 있다던가? 나는 악보를 읽지 못하는 약점을 타고난 기억력으로 보완할 수 있었다. 어떤 음악이든지 몇 번 들으면 선율을 외우는 능력이 나에게는 있었다.

2002년 12월로 기억된다. 한국예술종합학교에서 연말 정기 연주회가 있었다. 베토벤 심포니 9번 합창 교향곡에 참가할 기회가 생겼다. 서울의 주요 대학 보직 교수들을 합창에 참가시키는 기발한 아이디어 때문에 학교 대표로 의무적으로 합창에 참가하게 되었다.

나는 악보맹이었기 때문에 잠을 설치면서 고민하던 끝에, 마침 음대를 나온 조카에게 부탁하여 내가 맡은 베이스 부분을 모두 노래로 불러 녹음하도록 부탁했다. 그리고 CD도 한 장 사서 되풀이해 들었다.

'어느 책이나 100번을 읽으면 뜻이 자연히 떠오르기 마련이

라던가?' 악보가 눈에 들어오기 시작했다. 그러나 문제는 오케스트라에 맞추어서 합창을 하는 것이기 때문에 내 파트의 들어가는 곳과 나가는 곳을 정확하게 아는 것이 중요했다. 이 문제 역시 CD를 들으면서 해결할 수 있었다.

마침내 운명의 날은 왔고, 예술의전당 대 연주홀에서 오케스트라와 함께 합창을 하는 영광을 가졌다. 연주홀을 가득 매운 청중들의 박수 소리를 들으면서 너무도 감격스러워 눈물이 났다.

최근에 가장 기뻤던 일은 잠시 병원에 입원했을 때 내가 지은 시가 평소 존경하던 작곡가 선생님들의 손으로 가곡으로 작곡되어 CD로 만들어진 사실이다. '갈대밭 너머'를 작곡해 주신 최영섭 선생님, '물방울'을 작곡해 주신 임긍수 선생님, '세월의 안개'를 작곡해 주신 이안삼 선생님께 감사드린다.

몇 년 전인가, 정부를 위해 전자정부특별위원회 위원장으로 사회봉사를 할 때에 어느 신문과 인터뷰를 한 적이 있었다. 그때 세월이 좋았다면 난 아마도 음악을 했을 것이라는 이야기를 한 기억이 난다. 예술의전당에서 합창 교향곡에 참가하고, 내가 작사한 곡이 가곡이 되어서 난 그 한을 풀었다.

(이 글은 「음악저널」 (2006년)에 실린 필자의 동명 수필을 옮긴 것임)